歴史のふしぎを探る会

新説

学校では教えない日本史

扶桑社文庫
0792

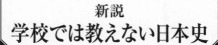

本書は、２００８年刊行の書籍『学校では教えない日本史』に加筆・修正を行なった作品です。

はじめに

飛鳥時代、憲法一七条を制定し、「和をもって尊しとなす」と日本人の精神の基盤を定めた人として、学校で必ず教えられた聖徳太子。しかし、近年、聖徳太子はいなかったとする説が有力になりつつある。実際、教科書から髭《ひげ》と笏《しゃく》を持った太子像が消え始めているのだ。我々が学校で教えられた〝歴史の事実〟は、決して確定したものではない。歴史とは新たな文献、物証によって、書き替えられてゆくものなのである。

では、これまで学んできた〝歴史の事実〟は、どう捉え直せばいいのだろうか？

誰もその時代を間近に見ることはできない。丹念に文献、物証を推察して〝歴史の事実〟を削ぎだしてゆくしかないのである。しかし、その結果、事実に肉薄したかもしれない多くの説が、推論の域を出ないとして淘汰されてもきたのである。

本書は〝歴史の事実〟と思われてきた事柄について、疑問や矛盾を指摘する新説、異説を紹介している。そのなかには、学校では教えない〝歴史〟も多く含まれている。読者は思いもよらない〝もうひとつの歴史〟に触れるだろう。何が〝事実〟なのか？

その答えは、読者一人ひとりの歴史を見つめる想像の力にお任せしたい。

歴史のふしぎを探る会

目次

◉第2章　暗殺　〜真の首謀者は誰なのか？

◉第3章　正体　～歴史上に燦然と輝く人物の真の姿とは？

最も日本人に親しまれる古代の聖人、聖徳太子は実在しなかった？

◉第4章 足跡
～偉大なる業績を残した歴史の功労者たち

淀殿は、一七人もいる秀吉の妻妾のなかで、なぜひとりだけ懐妊できたのか？

◉第5章 事件 ～歴史的大事件の主人公に選ばれし者たち

戦に長けた織田信長は、なぜ「無防備」な本能寺に宿泊する愚を犯したのか？

◉ 第1章　陰謀 ◉

歴史の“事実”を作りあげた、陰の策士たち

黒幕がいたとしか考えられない、大望なき武将・明智光秀、突然の反旗

黒幕がいたとしか考えられない、大望なき武将・明智光秀、突然の反旗

◆説得力に欠ける謀反の動機

明智光秀《あけちみつひで》は、主君であった信長を突然裏切り、本能寺の変を起こした人物である。なぜ謀反を起こしたかについては、これまでに多くの推察がなされてきた。

第一の動機とされるのは、光秀が信長に対して怨恨を抱いていたということである。なるほど、独裁者気質の信長が光秀を激しく罵倒したり打擲《ちょうちゃく》したといった逸話は数多い。しかし恨みを抱いていたのは、何も光秀に限ったことではない。まもなく太政《だじょう》大臣か将軍かという地位にまで上り詰めるまでに、信長が倒してきた大名一族の残党は、みな信長に恨みを持っていただろう。とくに信長が徹底的に弾圧した一向宗《いっこうしゅう》の宗徒などは、激しく信長を憎悪していた。織田家家中においても、林通《みち》勝《かつ》など、過去の罪状を問われ、追放の憂き目を見た家臣もいる。たしかに光秀は信

長暗殺の動機＝怨恨があったかもしれないが、この条件に当てはまる人物はあまりに多い。

第二の動機は、天下取りの野心とされている。だが、光秀は文人気質でそのような大望を抱いていた形跡はないし、信長を倒したとしても他の有力武将をすべて討つことなど到底不可能だということはわかっていただろう。

このように光秀の場合は、怨恨も野心も謀反を決意するにはそれほど重要であったとは思えないのである。

◆権力の玉座を囲む曲者たち

このため本能寺の変は光秀の単独行動ではなく、共犯者や黒幕の存在が論じられている。疑いが濃いとされているのは、朝廷、豊臣秀吉、そして徳川家康の三者である。

まず近年有力になっているのが、朝廷が黒幕だったという説である。

朝廷は信長を征夷大将軍に推挙して織田幕府の開設を勧めたが、信長は応じなかった。それどころか、当時の天皇であった正親町《おおぎまち》天皇に対し、第一皇子の誠仁《さねひと》親王に譲位するよう要求している。誠仁親王は信長の猶子《ゆうし》となっていたので、天皇位につけば、信長は天皇の後見人ということになる。さらに信長は、誠仁親王の子の五宮をも猶子にしていたといい、絆は一層強固である。

これに対し正親町天皇は、かなりの高齢であったが、信長の要求に唯々《いい》諾々《だくだく》と従うふりをしながら、決して譲位はしなかった。

こうした信長の傲慢《ごうまん》さは、天皇のみならず朝廷や公家たちにとって我慢ならないものであった。そんな反信長感情渦巻く朝廷と信長との間に立って交渉にあたっていたのが光秀である。このため、彼は多くの公家と交流があった。朝廷はこの光秀を利用し、信長を討つよう密勅《みっちょく》を与えたという可能性がある。

また、信長の有力な部将のひとりである豊臣（当時は羽柴）秀吉が、自らの天下取りのために光秀をそそのかしたのではないかともいわれている。

本能寺の変が起きたとき、秀吉は中国の毛利氏平定のため遠征途上にあったが、直ちにとって返して誰よりも早く光秀を討った。大軍を率いて驚異的な速さで行軍したことから「中国大返し」と呼ばれる快挙であるが、あまりに要領がよすぎ、まるであらかじめ計画が組まれていたかのように見える。

まず変事の報を受けると、秀吉はこの情報を疑いもせず、すぐさま毛利方と和睦を結んでいる。偽の情報が飛び交っていた時代に、真偽を確認しないのは不自然だ。また、主君が討たれ、慌ただしい撤退となれば、多くの脱落者が出てもおかしくはない。だが、退却においても兵士たちはよく従い、武装したままの将兵が一睡もせずに五五キロを走っている。

しかし、秀吉を黒幕として考えると、迅速な動きも合点がいく。黒幕であれば光秀の行動を知ることができたし、口封じのため光秀を討ったとしても不自然ではない。

野心とはおよそかけ離れた文人然とした明智光秀の肖像。

徳川家康も、黒幕の可能性がある。本能寺の変が起きたとき、家康は堺《さかい》にいた。物見遊山《ものみゆさん》の旅で軍勢は連れていなかったため、変を知ってすぐさま岡崎に帰還している。このとき家康は伊賀の山を越える最短コースを取り、無事岡崎に着いたのだが、幕府の正史『徳川実紀《とくがわじっき》』はこの行動を「ご生涯ご艱難《かんなん》の第一」と記している。しかし、付近の豪族の協力を得て、伊賀の忍者ら二〇〇名もの警固がついての移動が、なぜ生涯の艱難の第一なのだろうか？

これは、光秀に信長を殺害させるという企てが万が一失敗していたなら、徳川家の命運が尽きたかもしれない究極の賭けだったという意味にも解釈できる。

朝廷、秀吉、家康。三者三様に動機を持ち不審な動きをしている。このうちの誰かが光秀に謀反をそそのかしたり、操るなどして信長謀殺に関わったのだろうか。一方、光秀は、信長を討ったあとの行動について何の計画も立てていなかったようである。黒幕の指示を待ちかねて、次の行動に移れないまま、死を迎えてしまったのではないだろうか。

明智光秀　（一五二八？～一五八二年）
戦国時代・安土桃山期の武将。足利義昭《あしかがよしあき》に従い、越前から上洛して織田信長との間を仲介し、その後は信長に仕えて転戦した。一五八二（天正一〇）年、京都本能寺で信長を討つが、山崎の合戦で敗死した。

陰謀◎加藤清正

仕掛けられた梅毒で殺された？豊臣恩顧の武将が次々と死んでいく不思議

◆謎多き清正最後の三カ月

戦国時代における猛将の代表格として知られる加藤清正《かとうきよまさ》だが、最晩年の功績は一六一一（慶長一六）年三月に二条城で徳川家康と豊臣秀頼《とよとみひでより》の会見を取りもったことであった。

既に徳川の世になっており、家康が天下をほぼ手中に収め、豊臣家の勢力はもはや一大名にすぎなかった。そこで、家康はもともとの主家である大坂の豊臣家に臣従の礼を求め、自分が上洛した折に秀頼にも上洛させ、二条城で対面したのである。両者の会見はなごやかに終わり、徳川と豊臣は、名目上は和解したこととなった。

この仲介をしたのが加藤清正らであった。豊臣家存続を願う清正は、臣従を拒めば豊臣家を滅ぼしかねない家康の要求を受け入れることで豊臣家の存続を企図したのだ。
だが、その三カ月後、清正は熊本城で死ぬ。『新東鑑《しんあずまかがみ》』には、清正は二条城で家康麾《き》下《か》の者に毒の入った饅頭をふるまわれたと記されている。清正は死ぬ直前に体が黒くなったというが、これが砒《ひ》素《そ》中毒の症状だというのである。

二条城で清正と行動をともにしていた豊臣恩顧の武将の浅野幸長《あさのよしなが》とその父親の長政《ながまさ》も、前後するように死亡している。

加藤清正は、豊臣家を守るべく鬼と化した。

俗説では、徳川譜代《ふだい》の武将である平岩親吉《ひらいわちかよし》が豊臣恩顧の武将を毒殺すべく家康に進言したことになっている。豊臣恩顧の武将は戦乱が収まってしまえば無用の存在であり、幕府はその所領を召し上げる機会をうかがっていたのだという。

この毒殺説は江戸時代に喧伝《けんでん》され、歌舞伎や浄瑠璃《じょうるり》でも盛んに演じられたが、どんな毒であれ一度盛っただけで死亡まで三カ月もかかるはずはなく、これは信憑《しんぴょう》性に欠ける。

毒入り饅頭説は否定されるとしても、別の謎がある。関ヶ原の合戦から大坂の陣までの間、関ヶ原の合戦を控えて東軍に加担した豊臣恩顧の武将たちの死亡率が、もともと東軍だった武将たちに比べて非常に高いのである。これは偶然だろうか。

◆用いられたのは「新種の毒」だった？

豊臣恩顧の武将を抹殺するために、別の毒が用いられた可能性もある。楠木誠一郎氏は『謎の迷宮入り事件を解け』のなかで、清正は梅毒によって殺されたのではないかという説を展開している。

死を前にした清正は舌が利かなくなったと伝えられるが、これは結節性梅毒の症状に似ているという。となると、体が黒くなったのは、梅毒性発疹《ほっしん》かもしれない。感染してから死亡まで長い時間があったというのも、梅毒なら不思議ではない。

当時の日本では、梅毒が流行していた。南蛮船《なんばん》によって堺や長崎にもたらされたため「南蛮瘡《なんばんそう》」と呼ばれ、各地に広がっていったらしい。そして家康の配下には、梅毒を清正に植え付けることが可能な人物がいたのである。

当時の経済界の第一人者であり、南蛮貿易を展開していた豪商・角倉了以《すみのくらりょうい》には、医者の弟がいた。当時の日本で梅毒の存在はほとんど知られていなかったが、了以ならば弟から知識を得ていても不思議はない。

そして、二条城で家康と秀頼の会見が行なわれた際、梅毒にかかった遊女たちが武将たちを接待したらどうなるだろうか？　当時としてはごく普通のことであったろうから、武将たちは何の疑いも持たず、喜んで遊女を相手にしたことだろう。

江戸初期の諸国の情勢を伝える『当代記』には、加藤清正、池田輝政《いけだてるまさ》らの死は「ひとえに好色の故」だと記されている。池田輝政は清正の二年後に死んでいるが、彼らの早世は度重なる遊女遊びのためだというのである。

遊女の体に仕込まれた梅毒は、何ひとつ証拠を残さず、ゆっくりと清正の身をむしばみ、死に追いやったというわけである。

加藤清正　（一五六二～一六一一年）
安土桃山・江戸初期の武将。豊臣秀吉に仕え、賤ヶ岳《しずがたけ》の合戦で頭角を現した。関ヶ原の合戦では徳川方にくみし、肥後《ひご》五四万石の領主となった。築城技術にも長け、熊本城のほか、江戸城や名古屋城の普請《ふしん》も行なった。

投獄された天才！　平賀源内は、なぜ殺人を犯さなければならなかったのか？

◆「天才」は発作的に刀を振り上げた？

新奇なものを手がけ、江戸一の天才とうたわれた平賀源内《ひらがげんない》だが、その最期も世間を驚かせるものだった。

一七七九（安永八）年、神田橋本町の自宅で米屋の久五郎という男を殺し、さらには勘定奉行の中間《ちゅうげん》をしていた丈右衛門という男を負傷させた罪で捕らえられ、小伝馬町の牢内で死んだのである。

この事件は江戸の庶民にも衝撃を与え、源内の死を悼む瓦版《かわらばん》まで出る始末。源内は取り調べに対し、固く口を閉ざしたままだったため、凶行に至った原因のみならず、事件のあらましも明らかにされず、そのいきさつについて当時から様々に取り沙汰された。

癇癪持ちだったとも伝わる奇人・平賀源内。

諸説唱えられた事件の原因のひとつとして源内の友人であった大田南《なん》畝《ぽ》は、源内が現代でいうノイローゼになっていたと記している。

石綿を使った燃えない布「火《か》浣《かん》布《ぷ》」を開発したほか、油絵を描いたり浄瑠璃《じょうるり》の台本を書くなど、分野を問わず活躍した才気あふれる源内だが、学者としては一人前になれず、企業家としても失敗の連続だった。毛織物や陶器の製作を手がけたものの利益を上げるには至らず、秩父、秋田の鉱山の採掘を試みたが、これも成功しなかった。しかも、長い間源内のもとで働いていた職人がエレキテルを偽造して金を集め、詐欺で捕まるという事件もあった。

もともと癇癪《かんしゃく》持ちだった源内は、このようなことが重なって追い詰められ、些《さ》細《さい》なことでかっとなって刀を振るったのではないかと思われる。

現場とされる、神田橋本町の家というのがいわくつきの物件であった。かつてここには金貸しの検校《けんぎょう》が住んでいたのだが、子供が井戸に落ちて死んだうえ、のちに自分も悪事が発覚して追放され、亡霊まで出ると噂されている家だった。ところが源内は、亡霊に会ってみたいと称して、わざわざこの家に引っ越したのである。これも情緒不安定ととれる行動であろう。

いずれにせよ、源内は発作的に人殺しをしたということになっている。

◆黙秘し続けた凶行の真相と原因

高松藩家老の木村黙老《きむらもくろう》が記した『聞まゝの記』には、源内の死後、次のような風聞が流れたことが記されている。

さる大名の別荘修理の計画をめぐって、源内とある男が争いになった。いったんは和解したのだが、その計画書を盗まれたと思い込んだ源内は男を斬ってしまう。人殺しの罪は逃れられないと知った源内が自殺しようとしてあたりを片づけたところ、手箱の中から例の計画書が出てきたのだという。この「ある男」とはもちろん久五郎のことである。つまり、源内は早とちりから久五郎を殺したのだという。

さらに、その計画書とは別荘修理ではなく、田沼意次《たぬまおきつぐ》の蝦夷地《えぞち》開発に関する機密書類だったとする説もある。

もし、これらの巷説《こうせつ》が真実なら、何らかの秘密や巨額の利権がからむ計画が漏れかかり、この機密を守るための殺人だったということになる。

ほかにも、被害者が米屋だったことから、米代の督促にやってきて口論となったという借金トラブル説や、自分でも下戸だと言っていた源内だが、何かのはずみで泥酔して斬りつけたという説もある。

源内は、罪状も定まらないまま、およそ一カ月後に牢内で死亡した。自殺未遂が原因の破傷風《はしょうふう》だったという。

平賀源内　（一七二八〜一七七九年）
江戸中期の博物学者、戯作者《げさくしゃ》。高松藩の下級武士の三男として生まれ、江戸に出て本草学を学ぶ。一七五七（宝暦七）年、師とともに我が国初の物産展を開いた。寒暖計やエレキテルなどの製作で注目を集めるも、のちに殺人を犯し、牢内で死亡した。

陰謀◎中大兄皇子

大化の改新を主導したにもかかわらず、なぜ皇位につこうとしなかったのか？

◆脇役にまわったクーデターの立役者

六四五（皇極四）年、天皇や大臣、そして外国からの使者の居並ぶ前で蘇我入鹿《そがのいるか》を殺害し、翌日にはその父の蝦夷《えみし》をも自殺させるクーデターを断行したのが中大兄《なかのおおえの》皇子《おうじ》である。事件のあった干支から「乙巳《いっし》の変」と呼ばれるこの出来事が、大化の改新の始まりとなった。

皇極《こうぎょく》天皇は、変の直後に息子である中大兄皇子に皇位を譲ろうとしたとされる。しかし、皇位についたのは天皇の弟の軽皇子《かるのおうじ》だった。これが孝徳《こうとく》天皇である。大化の改新の事実上の推進者であり、乙巳の変でも中心的な役割を担っていたはずの中大兄皇子は皇位につかなかった。このときばかりではない。彼はのちに孝徳天皇が崩御したときも皇位を継がず、孝徳天皇を継いだ母の斉明《さいめい》天皇が没したときにも、皇位をすぐには継いでいないのだ。最大の権力者であり、皇位継承にも十分な資格を持つ中大兄皇子が、なぜすぐ即位しなかったのか。その理由については様々な説が言われている。

まず、最初の皇位継承の機会については、当時の慣習を重視したのではないかとする説がある。皇位継承は、親から子へというより血統と世代を重んじて決められた。欽明《きんめい》天皇の玄孫である中大兄皇子より、欽明天皇の曾孫である軽皇子のほうが世代が上であり、順当であるとされたというのである。中大兄皇子もすでに政治の実権は握っていたので、あえて皇位につく必要性を感じなかったのかもしれない。

そもそも乙巳の変の首謀者は、中大兄皇子ではなく、軽皇子（孝徳天皇）だったとする説を、遠山美都男氏は『人事の日本史』のなかで展開している。

中大兄皇子とともに乙巳の変を起こした中臣鎌足《なかとみのかまたり》は孝徳天皇に近い立場にあったし、変の直後に登用されたのは孝徳天皇に関わりの深い人物ばかりである。孝徳天皇が自分は表に出ずに、中大兄皇子らに指示して入鹿の殺害という危険な役割を担わせたとも考えられる。もっとも、その後の中大兄皇子の伸長は孝徳天皇にとっても意外だったのだろう。

◆皇位の空白までつくった皇子の真意とは？

孝徳天皇は六五四（白雉五）年に病死する。このとき中大兄皇子が皇位につくのには何の支障もなく、ごく当然の流れであった。

ところが中大兄皇子は、このときも即位を避け、六二歳になっていた母親の皇極天皇を再び即位させて斉明天皇とする。天皇位に二度つくことを「重祚《ちょうそ》」というが、わざわざ重祚させた理由は謎である。天皇となるよりも皇太子でいたほうが自由に政務をとれたからではないかといわれているが、はっきりしない。

六六一（斉明七）年にはその斉明天皇も没する。百済《くだら》救援軍を率いた筑紫朝倉《つくしあさくらの》宮《みや》での急死だった。中大兄皇子はこのときもなぜか皇太子の地位に留まっており、天皇を立てていない。天皇が存在せず皇族が政治をとる「称制《しょうせい》」という形で政務をとっている。中大兄皇子が即位するのは六六八（天智七）年になってのことで、六年半もの長きにわたり天皇位は空白だったのである。

皇位につかないのは、中大兄皇子が孝徳天皇の大后《おおきさき》で、中大兄皇子の同母妹である間人皇女《はしひとのひめみこ》と密通していたからだとする説がある。六五三（白雉四）年に孝徳天皇と政治的な対立を起こした中大兄皇子が、突然飛鳥《あすか》に帰るという事件があった。

このとき、皇極上皇と臣下の大半とともに間人皇女までもが皇子に従っている。両者の深い結びつきがうかがわれよう。当時、異母兄妹であれば結婚もできたが、同母の兄妹の関係は「国津罪《くにつつみ》」として禁じられていた。表沙汰にはならずとも、宮中の反勢力がこのスキャンダルを理由に、即位に反対したとも考えられる。

称制が行なわれた六年間は、中大兄皇子に関する最大の謎ともいわれる。この「国津罪」を根拠としたいところだが、兄妹の関係が実際にあったか否かについては否定の声も強く、明快な理由はいまだに特定されていない。

乙巳の変から二三年後、ようやく中大兄皇子は即位するが、在位わずか四年足らずで病のため世を去る。皮肉なことというべきか、その翌年には弟である大海人《おおあま》皇子と息子の大友《おおとも》皇子の間に、皇位をめぐって壬申《じんしん》の乱が起こったのであった。

中大兄皇子　（六二六〜六七一年）
舒明《じょめい》天皇の皇子で、母は皇極《こうぎょく》（斉明《さいめい》）天皇。中臣鎌足《なかとみのかまたり》らとともに、六四五年に蘇我蝦夷《そがのえみし》・入鹿《いるか》親子の政権を打倒し、大化の改新を推進する。六六八年、天皇に即位。庚午年籍《こうごねんじゃく》を作り人民支配の基とし、近江令《おうみりょう》を定めたとも伝えられる。

権臣を失脚させた家康息女の怒り！釣天井事件は、全くのでっちあげだった!?

◆釣天井による将軍暗殺計画とは？

宇都宮城主の本多正純《ほんだまさずみ》が二代将軍・秀忠《ひでただ》の暗殺をもくろみ、釣天井《つりてんじょう》をつくって圧死させようとしたのが、世に言う「宇都宮釣天井事件《つりてんじょう》」である。一六二二（元和八）年、家康の七回忌に日光東照宮に参拝した秀忠は、宇都宮城に立ち寄って宿泊する予定だったが、事前に計画を察したため急遽旅程を変えて難を逃れた。正純はこの罪を問われ、切腹を命じられたとされる。

民間に広く知られたこの事件は、たちまち演劇や物語に取り入れられ、講釈師たちが「湯殿の床が落ちる仕掛けもあった」「床下に剣を仕込ませていた」などと面白おかしく語り伝えた。

しかし、これが史実だったはずがない。たしかに正純は同年に所領を召し上げられ配流《はいる》になるという重罰に処せられている。だが、噂のように死罪にはなっていない。それでは一体、何があったのだろうか?

◆事件の陰にあった女性の恨み

正純は、「家康の知恵袋」と呼ばれた本多正信《まさのぶ》の嫡子である。正信は家康の第一の側近でありながら、約二万石という少ない石高で満足していた。家康が加増してやろうとすると「権ある者は禄《ろく》少なく」と断り、ようやく一万石のみの加増を承諾したという逸話が残っている人物である。

しかし正純は、父とは異なって高禄を望み、父の死の三年後には宇都宮一五万五〇〇〇石を得るようになった。そして宇都宮に入ったところ、城があまりに小さいことから拡張工事を始める。

この頃の幕府は、城の新築や改築は謀反につながるとして神経を尖らせていた。どんなわずかな改築でも、幕府の許可なくしてはできなかったのである。ところが、それをよく承知しているはずの老中《ろうじゅう》である正純が、他の幕閣の承諾を得ただけでよしとしてしまったのである。

これは正純弾劾の機会を狙っている者にとって、絶好のチャンスである。土井利勝《どいとしかつ》や酒井忠世《さかいただよ》といった老中は、かねてから正純と対立していた。

正純を深く恨んでいる人物はほかにもいた。家康の長女で、秀忠の姉にあたる加納殿《かのうどの》（亀姫《かめひめ》）である。正純の前に宇都宮城主だった奥平忠昌《おくだいらただまさ》は加納殿の孫にあたるが、正純のせいで国替《くにがえ》の憂き目に遭った。また、加納殿の娘婿の大久保忠隣《おおくぼただちか》は、本多親子によって失脚させられている。

この加納殿が秀忠に、「本多正純が謀反を企てている」という密書を送ったという説がある。正純が配流となったあと、奥平忠昌が再び宇都宮城主の座に返り咲いていることから、こういった噂が巷《ちまた》に流れたのであろう。

いずれにせよ正純は、陥れられた可能性が高いと思われる。宇都宮釣天井事件があったとされるとき、正純は予定どおり秀忠を迎える準備を整えていた。ところが、秀忠一行は城に寄らず江戸に帰ったと突然知らされ、幕府の使者は城内の検視を始めたのである。

このとき使者は、宇都宮城の床が規定よりも高いことを「不審の箇条あり」としたという。これが、釣天井を落とすのに好都合だという話になって、世に広がっていったのだろう。

実際、天井には何の異常もなかったというが、正純が鉄砲を無断で買い入れたことや、幕府が派遣していた僧兵の根来同心《ねごろどうしん》が殺害されていたことなどが糾弾されたという。根来衆《ねごろしゅう》は、戦国期に鉄砲で武装し、傭兵として活躍した僧兵たちの集団で、戦国末期には徳川家に従っていた。

出羽国由利郡の本庄に配流された正純は、その翌年に同国の横手に移された。横手で正純の身柄を預かった佐竹義隆《さたけよしたか》は、罪人である正純を丁重に扱って外出を許したり、しばしば談笑を交わしたりしていたが、やがてこれが家光の耳に入り、身柄の監禁を厳重にするよう命じられたという。

本多正純　（一五六五〜一六三七年）
江戸前期の幕閣で、幼少より家康に仕える。家康の死後は秀忠《ひでただ》の年寄となり、一六一九（元和五）年に宇都宮一五万五〇〇〇石を領する。出羽《でわ》由利に流されたのち、秋田佐竹氏に預けられ、出羽横手で死去する。

将軍家治暗殺疑惑をかけられた田沼意次の、不本意な失脚

◆辣腕老中にかけられた将軍暗殺疑惑

徳川一〇代将軍の家治《いえはる》は、一七八六（天明六）年の八月に入ると病が重くなり、二五日に死亡した（公式発表は九月八日）。そして田沼意次《たぬまおきつぐ》は、二七日に老中《ろうじゅう》を辞職。事実上の罷免であった。

それからほどなく巷《ちまた》では穏やかならぬ噂が流れ始める。二五日に危篤に陥った家治は、与えられた薬が毒薬だと叫んだ。薬を調合したのは将軍お抱えの医師ではなく、意次が推薦した医師たちだった。家治はそれを知り、怒りをあらわにしたまま没した。しかも、遺体は翌日に大量の血を吐いて震え出したというのだ。

この噂は、意次が将軍に毒を盛ったと暗に物語っている。

しかし、意次は家治の後ろ盾を得て老中まで駆け上った人物であり、家治の死は

冷酷なる判断で、多くの政敵を作った田沼意次。

むしろ自分の地位が危うくなることを意味する。そもそも、将軍を毒殺するといった疑惑が持たれただけでも厳しい詮議《せんぎ》が始まるはずだが、そのようなことは一切なかったのである。そこで考えられるのは、毒殺の噂は、何者かによってわざと流されたのではないかという可能性である。

意次は、辞職に至るいきさつを次のような「上奏文《じょうそうぶん》」として書き残している。病気になった将軍が意次に対して悪い感情を抱いていると告げる者がいるが、自分には将軍の勘気《かんき》を受ける覚えはない。落ち度がないことがわかれば、将軍のご機嫌もまたよくなるだろうと思って将軍の長命を願っていたが、それもかなわず死去されてしまった。

意次はさらに、何度も辞職を勧告されたため、やむなく自分も病気を口実に辞職願いを出したことも書いている。

家治が、突然意次に対する感情を悪化させたのは、推薦した医師の処方した薬が、効き目がなかっただけではなく、誰かが家治に、意次にとって不利な情報を流したのではないだろうか。そしてその人物とは、何度も辞職を勧告した人物、またはその人物に近い人物だったとは考えられないだろうか。

ここに、家治の死に乗じて意次を失脚させようという陰謀が見えてくる。

◆将軍の死後台頭した勢力とは!?

意次の失脚への流れは、このときに突然始まったものではない。多くの斬新な政策を実施してきた意次だが、それゆえか賄賂《わいろ》がらみの醜聞が多かった。また、意次の弟は一橋《ひとつばし》家の家老であり、そのため意次と一橋家の緊密な関係をとやかく言う者もいた。反田沼派は、機会をうかがっていたのである。

家治の死の二年前には、意次の嫡男の意知《おきとも》が、江戸城内で旗本《はたもと》の男に斬られて死亡するという事件が起きた。この頃から、意次の権勢は下り坂になっていたのである。一橋家は、跡継ぎを失った意次と距離をおくようになったともいわれる。だとすれば、意次は強力な後ろ盾をひとつ失ったことになる。

家治の死を契機に老中を罷免《ひめん》された意次だが、それでも当初はまだ政権内には大老の井伊直幸《いいなおひで》をはじめとする、たくさんの田沼派がいた。そして、罷免からわずか四カ月で意次の謹慎は解かれ、しかも、老中に次ぐ席が用意されていたという。そう易々と政界から抹殺されたわけではなかった。

これに黙っていなかったのが、反田沼派のリーダー松平定信《まつだいらさだのぶ》である。定信はかつて将軍の後継者と目されていたが、意次と一橋家によってその道を絶たれ、意次を深く恨んでいた。そこで、意次の手足となって政策の実施にあたっていた者たちを次々に罷免に追い込み、一七八八（天明八）年には、ついに意次の影響力を幕府から排除したのである。

家治の死が病死だったか毒殺死だったのかは今となっては不明だが、これを理由に意次が失脚させられたことは確実である。

田沼意次　（一七一九〜一七八八年）
江戸中期の幕臣。一七五八（宝暦八）年以降、評定所《ひょうじょうしょ》に出座して幕政を主導。商業政策を重視し、大規模な新田開発などの大胆な経済政策を推進したが、家治の死の直後に老中を罷免された。

陰謀◎高野長英

死罪を覚悟して脱走した高野長英がやりたかった、日本連邦国家構想とは?

◆過激な行動に出た蘭学者

幕府が蘭学者の集まり「蛮社《ばんしゃ》」に徹底的な弾圧を加えたのが、一八三九（天保一〇）年の蛮社の獄《ごく》である。逮捕され永蟄居《ちっきょ》となった渡辺崋山《わたなべかざん》はその後切腹し、高野《たかの》長英《ちょうえい》は一度は姿をくらましたものの自首して永牢を命じられた。その二年前、江戸湾に来航したアメリカ商船モリソン号を幕府が砲撃した事件を批判していたことが、崋山と長英の処罰の対象となったのだ。

長英は小伝馬町《こでんまちょう》の牢屋に入れられるが、牢内でも著述を続けて無実を訴えた。一方で人望があったため牢名主となり、牢屋奉行からさえ一目置かれる存在となっている。

一八四四（弘化元）年、牢屋から火の手が上がり、当時の慣習で「解き放ち」が行なわれた。これは囚人をいったん釈放するもので、三日以内に定められた場所に出頭すれば罪一等を減じられるが、戻ってこなければどんな微罪の囚人でも死罪となる。だが、長英は戻らなかった。この火災も長英が自ら仕掛け、下働きの男に金を与えて放火させたものらしい。一生を牢で過ごすより、危険な賭けでも脱獄の道を選んだのである。一体、何が彼を駆り立てたのだろう。

その後長英は、六年にわたって行方をくらます。彼の逃走経路には諸説あるが、断片的に残る記録によると、全国各地の蘭学仲間や医師にかくまわれて転々としながら、幕府の厳しい探索を逃れ続けたと思われる。

◆日本連邦国家構想との関係が？

一八四八（嘉永元）年から二年間は、長英が四国の宇和島にいたことは確かである。

宇和島藩は豊後《ぶんご》水道に面しているため、異国船に対し西洋の進んだ兵術で防備を固める必要があった。しかも藩主の伊達宗城《だてむねなり》は幕末四賢公のひとりに数えられる人物で、長英が入牢する以前から『戊戌夢物語《ぼじゅつ》』を読んでおり、面識もあったため、長英を招いて庇護することを決断したのだという。長英はここで、藩士に蘭学を教えつつ兵書の翻訳をし、砲台を建てるための調査旅行などもした。庄屋の屋敷を与えられ、従僕《じゅうぼく》と女中《じょちゅう》がつくという逃亡者とは思えない厚遇ぶりだった。

楠木誠一郎氏の『謎の迷宮入り事件を解け』では、伊達宗城の天皇を首長とした連邦国家構想を長英が脱獄した動機として挙げている。イギリスの書記官アーネスト・サトウが宗城と懇談した際、宗城はその意図をはっきり口にしたという。長英の知識と人脈は、そのためにも大いに役に立つはずだった。脱獄した長英が各地を転々としたのは、ただ逃亡のためだけでなく、その計画に協力する同志を集めたというのである。

蛮社の獄に際し、顔を焼いてまで逃亡を続けた高野長英。

宇和島藩ばかりでなく、米沢《よねざわ》藩や薩摩《さつま》藩でも長英をかくまう動きがあったともされている。長英の知識や語学力は藩にとって得難いものだったし、幕府に背いてでも長英を保護しようとしたことは、それが必要とされる新しい時代が来ていたということであろう。

だが、江戸の藩邸から、長英が宇和島に潜伏していることが幕府に知られたという早飛脚《はやびきゃく》が届く。すぐさま宇和島をあとにした長英は、またも各地を転々としたあと、江戸に姿を現す。

そのとき長英の面相はすっかり変わっていた。正体を隠すために、自らの顔を薬品で焼いたのである。またもや偽名を使い、町医者として家族と暮らし始めた長英だが、それもついに奉行所の知れるところとなった。

一八五〇（嘉永三）年、捕方《とりかた》に踏み込まれた長英は、脇差《わきざし》で三人を刺したあと、自殺したといわれているが、実際のところは長英脱獄の際に焼死した仲間の仇を討たんとした捕方による殺害であったといわれている。

高野長英（一八〇四～一八五〇年）
陸奥《むつ》水沢藩の医家生まれの蘭学者・蘭学医。シーボルトの鳴滝《なるたき》塾《じゅく》に学び、一八三七（天保八）年、モリソン号事件での幕府の対外政策を批判。蛮社《ばんしゃ》の獄で逮捕されるも、放火脱獄。のちに江戸に戻った際に、捕吏《ほり》に踏み込まれて自殺した。

家康天下統一の偉大な功労者は、なぜ一族皆殺しの大罪人にされたのか？

◆死の直後に逆臣とされた功臣

一六一三（慶長一八）年、大久保長安《おおくぼながやす》が中風（脳卒中）の悪化で没すると、長安が生前に横領を働いたとしてわずか数日のうちに、七人の子は全員切腹を命じられ、一族も多くが連座。長安の遺体は磔《はりつけ》にしてさらされ、財産はすべて没収という過酷な処分が下された。罪状の詳細は不明だが、七〇万両に及ぶ不正蓄財のゆえだといわれている。

大久保長安は、家康の家臣のなかでも異色の存在だった。猿楽師《さるがくし》の次男として甲《か》斐《い》に生まれ、武田信玄に武士として取り立てられた。当時の甲斐は鉱山開発や治水の技術で日本一を誇っており、長安もそれを身につけたと思われる。武田家が滅亡すると、家康の重臣・大久保忠隣《ただちか》を通じて徳川家の家臣となった。大久保という姓も、このとき名乗ることを許されたものである。

石見《いわみ》、伊豆、佐渡をはじめとする多くの金山・銀山を、長安は次々に開発して増産に成功。街道の整備や江戸の都市計画などでも功績をあげた。家康が天下統一の軍資金を調達できたのも、幕府が体制固めの費用を捻出できたのも、長安の能力があってこそだったのである。

これほどの事業を手がけていれば、大きな財貨を動かすのは当然だし、利権も生じたことであろう。不正蓄財があったのかもしれない。しかしそれだけで一族を根絶やしにするのは不自然である。

長安のような功労者が一転して大罪人となったのには、別な理由があったのではないか、といわれている。

◆その罪は権力闘争のために捏造された?

長安は、幕府を転覆させようとしていたという説がある。しかも手を組んでいたとされるのが、伊達政宗《だてまさむね》と、その娘婿で家康の六男である松平忠輝《まつだいらただてる》であった。長安の豊富な資金と、政宗の力、そして政権の代表となる忠輝の血筋があれば不可能ではない。政宗が遣欧《けんおう》使節を派遣したのも、外国からの援軍の約束を取りつけるためで、長安の死後、屋敷の寝間の下から黒い漆《うるし》塗りの箱が見つかり、そのなかに異国の文字で幕府転覆の企てが書かれた密書があったというのである。だが、この密書の存否には何の証拠もなく、あくまで風聞に過ぎない。

また、長安の一族に対する徹底した処分の背景には、幕府内の権力闘争があったという見方がある。不正蓄財や謀反の計画は幕府の重臣・本多正信《ほんだまさのぶ》が、ライバルで長安の後見人的な立場にあった大久保忠隣を陥れるために作りあげた話だというのだ。長安の一族が断罪されたあと、忠隣はその責任を取る形で老中《ろうじゅう》職を解かれ、近江《おうみ》に配流の身になっているのである。

本多正信の謀略の真偽は定かではないが、忠隣が去ったのち、幕府では正信・正《まさ》純《ずみ》親子が権力をふるうようになっている。

大久保長安（一五四五～一六一三年）
江戸初期の幕臣で財政・鉱山を担当。武田《たけだ》氏の家臣だったが武田氏滅亡後に徳川家に仕え、金山・銀山の開発や経営、治水、築城にも手腕を発揮して肥大化する幕府の経済基盤を支えた。死後に不正蓄財と陰謀が発覚したとして一族は断罪された。

能を大成させた世阿弥は、なぜ晩年佐渡へ流されなければならなかったのか？

◆運命の暗転！　寵愛から排撃へ……

南北朝の混乱が収まりつつあった頃、観阿弥《かんあみ》・世阿弥《ぜあみ》の親子は足利三代将軍の義満《よしみつ》の寵《ちょう》を得て、能を大成させた。現在、日本が誇る伝統芸能の能は、これが出発点となったのである。

父観阿弥が没したとき世阿弥は二〇代前半という若さであったが精進を重ね、父の跡を継いで率いた猿楽《さるがく》の一座・観世座は全盛時代を迎える。

だが、一四〇八（応永一五）年に義満が没すると、義持《よしもち》は義満の政策をことごとく転換。その変革は芸能にも及んだ。義持が保護したのは伝統的な芸能である田楽《でんがく》を重視した増阿弥《ぞうあみ》であり、世阿弥は冷遇されたのである。

さらに一四二八（正長元）年に義教《よしのり》が六代将軍になると、世阿弥はあからさまに排除され始める。義教は、世阿弥の甥の音阿弥《おんあみ》を贔屓《ひいき》とし、世阿弥らは都で能を演じる機会を奪われてしまう。

不遇の世阿弥に追い打ちをかける出来事は続く。次男の元能《もとよし》が、芸の道を捨てて出家したのである。これは世阿弥にとっても一座にとっても打撃であった。

さらに、長男の元雅《もとまさ》が伊勢で死亡した。おそらくは都での演能がかなわないため、地方へ巡業に出た際の客死《かくし》であろう。これで観世座の本流は断絶してしまったのである。

◆能役者に下った厳罰には意外な理由が？

しかも、悲嘆にくれる世阿弥は、一四三四（永享六）年に佐渡への配流を命じられる。

このとき七二歳前後という老いの身であったが、流罪《るざい》の理由は不明で、事情を少しでもうかがわせるものは京にも佐渡にも残っていない。

罪状の可能性としては、義教のあと押しを得た音阿弥が観世大夫《かんぜだゆう》の地位を継ぐこととなり、能の奥義を譲るよう命じられた世阿弥がそれを拒んだため怒りを買ったということが考えられる。

だが、それにしては下された処断はあまりにも苛烈であった。

当時、佐渡への配流は叛逆罪か殺人罪といった重罪にのみ適用された重罰である。一介の能役者である世阿弥がこれを命じられるのはただごとではない。将軍職にある義教であっても、勝手に適用できる罰ではないのである。

世阿弥にこれほど苛烈な罰が科された理由として、息子の元雅が南朝と通じていた疑いが指摘されている。当時はまだ、朝廷が京と吉野の南北ふたつに分裂した時代の対立が残っていた。

元雅は、元能が出家した前後、大和国吉野の山中にある天河社に能を奉納しているが、吉野では南朝の後胤《こういん》が鎌倉公方《くぼう》らと反幕府の同盟を結んでいた。また、元雅が没した伊勢の地は、南朝方の北畠《きたばたけ》氏の勢力下にあり、これも南朝との関わりと考えることもできる。

元雅が南朝の残存勢力と結び、何らかのはかりごとに関わっていたのであれば、父である世阿弥があれほどの罪に問われたのも不思議ではない。

世阿弥は、佐渡で小謡曲舞集《こうたいくせまい》『金島書《きんとうしょ》』を著《あらわ》しているものの、自らの配流の理由についてては、何も書き残していない。配流を解かれたのかどうか定かではないが、のちに許されて大和へ戻り、老妻とともに八一歳まで余生を送ったとも伝えられている。

世阿弥の没年は不明ながら、世阿弥夫妻が帰依《きえ》していた曹洞《そうとう》宗の補巌寺《ふがんじ》には、八月八日という忌日《きじつ》に永代供養を営んでいたことが記録されている。

世阿弥（一三六三頃～一四四三頃）
室町時代初期の能役者で謡曲作者、二代目の観世太夫。足利義満《あしかがよしみつ》の寵愛を得て幽玄《ゆうげん》の美を表現する象徴芸術としての能を大成。『風姿花伝』などを著した。義満が没すると冷遇され、最晩年には佐渡へ配流となった。

応天門炎上の犯人とされた伴善男は、じつは政争の犠牲者だった⁉

◆誰が国政の場の正門に火を放ったか？

八六六（貞観八）年三月一〇日夜の応天門《おうてんもん》の炎上は、都の人々に大きな衝撃を与えた。国政執行の場である朝堂院《ちょうどういん》の正門が炎上・全焼し、しかも放火だというのである。その様子は、院政期の絵巻物『伴大納言絵巻《ばんのだいなごんえまき》』や鎌倉初期の説話集『宇治《うじ》拾遺物語《しゅういものがたり》』にも描かれるほどの大事件だった。

事件のすぐあと、大納言の伴善男《とものよしお》は、これを左大臣である源信《みなもとのまこと》による放火であると訴えた。

応天門は、伴《とも》氏の父祖である大伴《おおとも》氏が造営して献上したものであり、「オオトモ」の音に合う美字を選んで「オオ（ウ）テンモン」と名づけられた。つまり応天門は、朝廷と大伴氏が共に栄えるようにという願いの象徴なのである。だから善男は、これに火を放ったのは、当時善男と極めて不仲だった源信だと言い立てたのである。

当初は人々も、源信が犯人ではないかと疑った。ところが五カ月後になって、大宅鷹取《おおやのたかとり》という人物が、放火は善男の犯行であると訴え出たのである。

しかも、善男への取り調べが行なわれている最中に、鷹取の娘が善男の従者《じゅうしゃ》によって殺害されるという事件が起きた。真相は不明であるが、このために善男への疑いがますます深まった。

さらにこの従者は、善男とその息子の中庸《なかつね》が、源信を失脚させるために放火をしたと自白し、ついに善男らは罪に問われることとなったのである。

伴善男・中庸以下五人は大逆罪ではあるが死一等を減じて遠流《おんる》となり、一族の有力者たち八人も縁座により配流処分となった。善男が流されたのは、最も遠い配流の地とされていた伊豆であり、善男はその二年後に死亡したと伝えられている。大和朝廷の大伴氏から続く名族の伴氏は、完全に勢力を失った。

◆政争の具となった炎上事件

これで事件は一件落着となった。しかし、大伴氏の象徴たる門に、善男は本当に火をつけたのだろうか。そもそも応天門の火災は、政治的な意図を背景とした放火ではなく単なる失火だったとも考えられる。当初、善男が源信を放火犯だと言い立てたことにも、根拠があったわけではないのである。

善男は、一族の勢力が衰えつつある時代に生まれた。善男の祖父である大伴継人《おおとものつぐひと》は、藤原種継《ふじわらのたねつぐ》暗殺事件の犯人のひとりとして処刑され、父の国道も佐渡に配流を経験している。若くして辛酸をなめた善男は伴氏の再興をはかっていたと思われる。そこに都合よく起こった応天門炎上事件を利用して、左大臣という地位にあり、なおかつ自分を目の敵にしている源信を除くことを考えついたのではないだろうか。

しかし、事件から半年もたってから、今度は善男が告発されてしまう。のちの政局を見てみると、応天門の変で最も権力を増大させたのは太政大臣《だじょう》であった藤原良房《よしふさ》である。良房は、当初源信が告発されたとき、これをかばっている。恩を売っておけば、その背後で操ることも可能だ。もっとも、源信は罪を疑われた心労のためか間もなく病死している。

そして、善男が告発されて無罪を主張している間に、良房は摂政《せっしょう》の地位を手に入れたのである。

そればかりではない。良房の養子の基経《もとつね》は、応天門の変後、上位者七名を飛び越える大抜擢を受けて従三位《じゅさんみ》中納言となっている。すでに老齢であった良房は間もなく没するが、能吏《のうり》である善男は遠流となっており、藤原氏の専政を邪魔する者はもういない。基経は自ら立てた陽成《ようぜい》天皇を退位させて光孝《こうこう》天皇を即位させ、さらには自分に反対する宇多《うだ》天皇から無理に関白《かんぱく》の座を得るなど、良房以上に権力を操るようになった。

のちの世には、藤原良房が自らの権力拡大のために、応天門炎上にかこつけて伴善男を陥れたのではないかともささやかれるようになった。いずれにせよ、良房がこの事件をうまく利用したことは確かである。

伴善男（八〇九〜八六八年）
平安初期の公卿《くぎょう》。仁明、清和天皇の信任を得て重用され、八六四（貞観六）年には大納言《だいなごん》に昇進。左大臣 源 信《みなもとのまこと》らと対立し、平安宮の正門・応天門《おうてんもん》の火災の際、源信を放火犯として糾弾したが、逆に真犯人として告発され、伊豆に流される。

明治天皇暗殺の大逆罪で処刑された社会主義者、幸徳秋水。じつは無実だった!?

◆あまりにも速やかな死刑執行

大日本帝国憲法の第七三条には「大逆罪」の規定がある。天皇、三后、皇太子または皇太孫に対し「危害ヲ加へ、又ハ加ヘントシタル者ハ死刑ニ処ス」というものである。

一九一〇（明治四三）年五月二五日、長野県の職工宮下太吉《みやしたたきち》は爆発物取締罰則違反容疑で逮捕された。いわゆる大逆事件の始まりである。松本警察署は、平民社の幸徳秋水《こうとくしゅうすい》を訪ねたことのある宮下が爆発物を製造しているのを知って逮捕に踏み切り、爆発物の材料となる薬品やブリキ缶などを押収した。

宮下の取り調べにより、新村忠雄《にいむらただお》ほか三人が逮捕された。いずれも社会主義者の幸徳秋水を通じて知り合い、社会主義に傾倒としている人物であった。そして取り調べが続くうち、宮下は明治天皇の馬車に爆弾を投げつける計画を企てていたことを供述したのである。

この自供により当局は、関係者として幸徳秋水、森近運平《もりちかうんぺい》、管野《かんの》スガら、二六人を予審にかけた。一二月一〇日から始まった公判は非公開で、被告人訊問も証拠調べも行なわれなかった。翌年の一月一八日には、二四人に死刑判決が言い渡され、うち一二人は恩赦として無期懲役に減刑されたが、幸徳ら一二人は二四、二五日に処刑された。あまりに迅速すぎる裁判だった。

◆犯罪の有無より先に罪状ありきの事件？

天皇暗殺計画の首謀者として処刑された幸徳らだが、実際に計画はあったのだろうか。まず宮下が本当に天皇の馬車に爆弾を投げつけるつもりだったのかどうかはっきりしない。宮下が製造したという爆発物も、押収物から推察して幼稚なつくりであり、相手を負傷させるにも至らないであろうと思われた。

裁判も公正さとは程遠い。大審院《だいしんいん》検事であった小山松吉《こやままつきち》が、「区々たる訴訟手続などに拘泥《こうでい》すべきではないという意見が政府内部にあった」と、法律を無視して事を運んだことを公言し、政府からの働きかけがあったことも認めている。

幸徳の関与は、さらに根拠に乏しい。宮下は実際に平民社の幸徳のもとを訪れ、社会主義の実現にとって天皇は障害になると述べて、爆弾を投げる練習をしたものの、幸徳は気乗り薄で宮下は失望したという。

小山松吉は、幸徳逮捕について、「証拠はきわめて薄弱であったが検挙することに決めた」とも語っている。検事らは、初の大逆罪の摘発ということで色めき立ったであろうし、宮下を逮捕した松本警察署は一躍脚光を浴びた。

仮に天皇暗殺計画があったとしても、幸徳の事件への関係性は薄く、宮下の爆発物取締罰則違反は、大物の幸徳をはじめとする社会主義者を一斉に逮捕するための口実だったと考えられる。

この事件で当局は大逆罪を企てる一団の検挙という成果を挙げたことになる。

幸徳秋水（一八七一～一九一一年）
明治時代の社会主義者。高知県生まれで、自由民権運動の影響下で成長し、一九〇三（明治三六）年に平民社《へいみんしゃ》を興した。戦争反対の立場を鮮明にするなど多彩な活動を展開したが、大逆《たいぎゃく》事件で検挙され、処刑された。

陰謀◎岩倉具視

岩倉具視が主導した王政復古のクーデターは、前日に決行されるはずだった!?

◆公武合体論から転じて討幕へ

岩倉具視《いわくらともみ》は、朝廷と幕府の協調をはかる公武合体論を説いて、孝明《こうめい》天皇の妹和宮《かずのみや》と一四代将軍・家茂《いえもち》の結婚を実現させた。公武合体論を唱えたのは、幕府の大老井伊直弼《いいなおすけ》が志士らを弾圧した安政《あんせい》の大獄《たいごく》が朝廷に及ぶのを避けるためでもあった。

ところが、この結婚が幕府にのみ有利に働いたとして非難を浴びる。一八六二(文久二)年、官位を退いた岩倉は、落飾《らくしょく》して洛北の岩倉村で蟄居《ちっきょ》生活を送っていた。

この間に大久保利通《おおくぼとしみち》や西郷隆盛《さいごうたかもり》らと交流を持った岩倉は、幕府との協調路線から転向し、討幕運動を進めるようになる。

一八六七(慶応三)年一〇月、大政奉還を行なった徳川慶喜《よしのぶ》は、将軍の座からも

したたかに生き抜いた幕末の妖怪・岩倉具視。（写真提供：国立国会図書館）

退いた。ところが、朝廷ではまだ政治体制が確立しておらず、諸大名を召集しようとしたものの、大名の多くは態度を決めかね、京に上るものは少なかった。

蟄居してから五年、岩倉はやっと洛中に住むことを許された。そして、大久保らと連携し、同年一二月九日に王政復古のクーデターを決行したのである。

◆一日遅れたクーデターの決行

ところがこのクーデターの決行は直前まで迷走した。大久保をはじめとする薩長派は、王政復古による幕府打倒を決意しているのに、岩倉の同志の公家たちはまだ逡巡《しゅんじゅん》していたのである。大久保は、連日公家の邸を訪れては説得を繰り返した。

そしてクーデター決行日は一二月八日と決まった。大久保と西郷が、土佐の後藤象二郎《ごとうしょうじろう》を訪ねて八日という了承も得ていたのである。しかしここから、期日に異論が出て二転三転するのである。

決行三日後に迫った五日になって、後藤は一〇日への延期を求めてきた。大久保と西郷が延期はできないと拒否すると、後藤は岩倉を訪ね、重ねて一〇日への延期を求める。岩倉も、これを突っぱねた。

ところが、公家の中山忠能《なかやまただやす》も、九日でなければ朝廷の準備ができないと言い始めた。大久保らは八日でなければ士気に関わると反対するし、幕府側の会津藩、桑名藩はクーデターを阻止する動きを見せていた。

板挟みになった岩倉は、途方にくれて悲鳴をあげたという。決行を二日後に控えた六日の夜になって、岩倉は大久保らを訪ねて交渉し、結局は九日にするしかないと落ち着いた。

このとき、岩倉が大久保に宛てて書いた書状が残っている。じつに心苦しいが、九日でなければどうしても決行できないと、ひたすら詫びている様子がうかがえる。

「王政復古《おうせいふっこ》の大号令《だいごうれい》」は、摂関・幕府を廃絶するという宣言である。幕府による武家政治を終わらせるという内容はよく知られているが、同時に摂関《せっかん》政治も終わらせて、朝廷内部の改革を成したのである。大号令の発令とともに、旧主派とされていた公家たちは参朝《さんちょう》を止められている。

だが、発令後も討幕派と大政奉還《たいせいほうかん》派の対立は続いた。その夜の御前会議は、徳川慶喜の朝議参列を認めるか否かで紛糾した。朝議への参列を認めることは官位をも認めるということであり、日本全土にある幕府の広大な領地をそのまま保持させていたのでは、大政奉還は名目だけということになる。議論の結果、岩倉らの主張が通ったのだが、討幕はまだ完了しなかった。

この後、西郷を中心として幕府を挑発する謀略が巡らされ、慶喜はついに兵を挙げて京に上る。そして、一八六八（慶応四）年一月の鳥羽伏見《とばふしみ》の戦いに勝利し、岩倉らの討幕計画は実現したのである。

岩倉具視　（一八二五～一八八三年）
明治維新期の公家出身の政治家。薩摩《さつま》藩の大久保利通らと結んで討幕を計画。維新後の新政府では右大臣となった。一八七一（明治四）年から欧米一二カ国を視察し、国内政治の強化を説いて西郷隆盛《さいごうたかもり》と対立した。

◉第2章　暗殺◉

真の首謀者は誰なのか？

坂本龍馬暗殺犯は
京都見廻組とされている。
しかし動機が
全くわからぬ不思議

伊藤博文暗殺犯は、死刑となった安重根ではない!?

◆「犯人安重根」の銃弾は命中していなかった?

一九〇九(明治四二)年、ロシアの大蔵大臣ココツェフと会談するために満州ハルピン駅に赴いた伊藤博文《いとうひろぶみ》は、プラットホームで三発の銃弾を受けて死亡した。その場で逮捕された韓国人の安重根《アンジュングン》は、日韓併合への憤慨と韓国の独立、東洋平和のために伊藤を射殺したことを公判で堂々と述べ、死刑となった。韓国で安重根は、現在でも国家の英雄として讃えられている。

ところが、この事件の犯人をめぐって通説とは異なる疑惑がささやかれている。

安は、警固にあたっていたロシア兵の間をくぐり抜けるように、伊藤まで一〇歩ほどの距離にまで近づき、まず伊藤めがけてピストルを発射。次いで随行の者にも発射したところをロシア兵に取り押さえられた。衆人環視の中での出来事であり、安が犯行に及んだことは間違いない。

だが、安の銃弾は伊藤に当たっていなかったという説がある。疑問を呈したのは、伊藤に随行していて自分も銃弾で負傷した貴族院議員の室田義文《むろたよしふみ》である。

伊藤は三発の銃弾を受けていたが、一発は右肩から胸に、一発は右腕の関節からへその下に、そしてもう一発は腹膜の上から筋の間に走っており、いずれの弾道も右肩の方向から左下に向いたものだった。室田のほかにも随行していて撃たれた者がいたが、やはり同じ方角から撃たれている。

安は背の低い男だったので、伊藤が立っているのと同じプラットホームの至近距離から撃ったものなら、弾痕は左方向の下から上、あるいはせいぜいが水平に貫通するはずである。しかし、弾道はすべて右方向の上からのものであり、室田は駅の食堂の二階あたりから撃ったものではないかと考えた。

伊藤がハルピン駅に到着してから閲兵が始まるまで、爆竹の音が聞こえていたというし、安も自分が何発撃ったのかははっきり覚えていないという。安のほかに銃を撃った者がいたとしても、おかしくはない。

だが、安の仲間には遠くから狙い撃ちできる腕を持った者はいなかった。しかも、安が撃った銃はブローニングであったが、伊藤に命中していた弾丸はフランス騎兵銃のものだったという。

ところが、裁判記録は、これほど奇妙な銃弾の問題には一切触れていないのである。

◆ロシア側の謎の行動

そもそも、ココツェフとの会談は、すべて車の中で行なわれる予定だった。ところが、ココツェフが予定にない閲兵を行ないたいと言い出したため、伊藤らはプラットホームに出たのである。

日本もロシアも、伊藤が恨まれていることは重々承知しており、ハルピン駅は韓国人立ち入り禁止となっていた。だが、半オーバーに鳥打ち帽という服装の安は、誰に怪しまれることもなく構内に入っている。ロシア側は、前夜に騎兵銃を持った韓国人が徘徊《はいかい》しているという情報を得て厳重な警備をしていたと言っているが、実際は誰もが自由に出入りできる状況であった。

ココツェフは、なぜわざわざ伊藤を表に誘い出したのだろうか？　これではまるで暗殺者が狙撃しやすい位置に、伊藤を導いたようなものである。安が伊藤めがけて引き金を引いたのは、腕の確かな本当の暗殺者にとって絶好のチャンスだったのではないだろうか。

日本に恨みを持っていたのは、韓国だけではない。このときのロシアは日露戦争で敗北したあとであり、日本とロシアの外交関係は危ういものだった。室田は、安のほかに真犯人がいるはずだと訴えたものの、海軍大臣の山本権兵衛に事を荒立てないでくれと言われて断念したと伝えられている。

韓国内で高まる反日感情。事件が起きても穏便に済ませようとする日本の外交姿勢。こうした状況を利用して、ロシアが暗殺を実行したのではないかという疑念も持たれている。

伊藤博文（一八四一～一九〇九年）
明治期の政治家。大久保利通《としみち》の死後内務卿《ないむきょう》。内閣制度の創設、大日本帝国憲法、皇室典範《こうしつてんぱん》の制定に貢献する。一八八五（明治一八）年、初代の内閣総理大臣となり、以後四度務める。日露戦争後は韓国統監となる。

偶然か？ 作為か？ 徳川吉宗のライバルが次々に病死してゆく歴史的事実

◆四男に転がり込んだ藩主の座

徳川八代将軍・吉宗《よしむね》は、一六八四（貞享元）年に紀州藩主・徳川光貞《みつさだ》の四男として生まれた。母親の身分が低かったため家臣の家に預けられて育ち、父親と対面したのは、六歳になってからだったという。本来なら将軍どころか、藩主になれる可能性すら低く、生涯日の当たらぬ身のはずだった。

ところが、一七〇五（宝永二）年五月に光貞の嫡男・綱教《つなのり》が風邪をこじらせて死亡すると、期待していた嫡男に先立たれて気落ちしたのか光貞も八月に死亡し、さらには藩主になったばかりの三男の頼職《よりもと》までが九月に死亡する。紀伊家は、わずか五カ月ほどの間に、藩を背負って立つべき三人を失った。そして、次男は早世《そうせい》していたため、吉宗が紀伊五五万石の藩主の座を継ぐこととなった。

父の光貞は八〇歳という高齢だったが、嫡男・綱教は四一歳、頼職は二六歳という若さだった。ふたりの兄は、江戸から紀伊へ下向して間もなく発病し、吉宗もこのとき紀伊にいた。このため吉宗が藩主の座を狙って毒殺したのではないかという噂が流れた。

頼職が発病したとき、側近たちは幕府に急いで奥医師《おくいし》を派遣してほしいと強く願いを出している。奥医師とは将軍お抱えの医師のことで、紀州藩にも藩医が何人かいるはずなのに、頼職の側近たちは、吉宗が裏で糸を引いているのではないかと、藩医を信用できなかったのだといわれる。

紀州藩主となった吉宗は、密偵を駆使して藩内の様子を探っていたことが知られている。これがのちに幕府の御庭番《おにわばん》制度となるのだが、吉宗は秘密裏に事を運ぶことに長けていた。吉宗の密命を受けた暗殺者が、綱教や頼職に向けて放たれていた可能性も指摘されているのである。

もっとも吉宗は、藩主として紛れもない有能さを発揮した。藩内に倹約令を発して借財を減らし、新田開発と治水工事で農村を再生させるという功績もあげている。

◆またもや消えた競争相手

八代将軍の決定については、六代将軍・家宣《いえのぶ》の時代から取り沙汰されていた。病床についた家宣の嫡子家継《いえつぐ》は、まだ四歳と幼いうえに病弱だったため、家宣は尾張《おわり》徳川家の吉通《よしみち》を次の将軍にしたいという意向だった。しかし新井白石《あらいはくせき》の反対により、結局は家継が七代将軍となった。

家継のあとは、おそらく吉通が八代将軍の座に上るだろうと誰もが考えていた。だが吉通は、家宣の死の翌年に二五歳という若さで急死したのである。夕食後に饅頭を頬ばったところ、突然吐血し、苦しみながら絶命したという。最も有力な将軍候補が、これで消えたわけである。

吉通には五郎太《ごろうた》という嫡子がおり、まだ三歳という幼さだったが尾張藩主となった。ところが、この五郎太までが三カ月後に急死してしまうのである。ある尾張藩士の日記に、その頃、紀伊の隠密《おんみつ》が尾張藩邸の様子をしきりに探っていたと記されている。吉宗の密偵は、その活動を藩の外にまで拡大していたのだ。

そして、一七一六（正徳六）年、七代将軍・家継は、健康への不安が現実のものとなりわずか八歳で危篤に陥る。八代将軍の有力な候補とされたのは、吉宗と尾張徳川家の継友《つぐとも》であった。水戸藩の綱條《つなえだ》も候補とされてはいたが、将軍となるには高齢すぎた。

しかし尾張藩は、吉通、五郎太という二人の藩主が相次いで急死したあとであり、藩内にまとまりを欠いていて擁立工作が思うにまかせなかった。対する紀伊藩は、大奥や水戸藩にあらかじめ金品をばらまき、味方に引き込んでいた。こうして、吉宗は八代将軍の座を手に入れたのである。

紀州藩主の座と同様、将軍職も、ライバルたちが次々と急死することで吉宗の掌中に転がり込んできた。確かに少々都合の良すぎるという感がしてしまう話である。

徳川吉宗（一六八四～一七五一年）
江戸幕府第八代将軍。一七〇五（宝永二）年に紀州五代藩主、一七一六（享保元）年に将軍となった。幕府が財政難にあえぐなか、享保《きょうほう》の改革を行なって財政を再建。庶民に対しても善政をしいた。

坂本龍馬暗殺犯は京都見廻組とされている。しかし動機が全くわからぬ不思議

◆信憑性の高い実行犯の自白

坂本龍馬《さかもとりょうま》が暗殺されたのは、一八六七（慶応三）年一一月一五日のことである。醤油商「近江屋《おうみや》」の土蔵にかくまわれていた龍馬は、風邪気味だったため母屋《おもや》の二階に移っていた。そこにやって来た同郷の中岡慎太郎《なかおかしんたろう》と議論を闘わせていたところ、十津川郷士《とつがわごうし》と称する男たちが訪ねてきて下僕に案内を乞うと見せかけ、二階へ押し入りいきなり刀を振り下ろしたのである。

龍馬は頭部に三太刀を受けて間もなく絶命し、中岡は一三カ所もの刀傷を負って一時は蘇生したものの、翌日には息を引き取った。現場には、先斗町《ぽんとちょう》の料亭「瓢亭《ひょうてい》」の焼き印の入った下駄と、蠟《ろう》色の刀の鞘《さや》が落ちていた。「瓢亭」は新撰組《しんせんぐみ》がよく出入りする店であるし、蠟色の鞘は新撰組隊士の原田佐之助《はらださのすけ》のものであるとのこ

とで、凶行に及んだのは新撰組とされた。

土佐藩士たちは、下手人《げしゅにん》の探索を強く要望した。藩主の山内容堂《やまうちようどう》が将軍・徳川慶喜《とくがわよしのぶ》と親しいことから幕府もこれを捨ててはおけず、大目付《おおめつけ》が近藤勇《こんどういさみ》に事の次第を質《ただ》したが、もとより近藤が新撰組の犯行だと認めるはずもない。

真相はやぶの中と思われていたが、一八七〇（明治三）年になって、京都見廻組《みまわりぐみ》にいた今井信郎《いまいのぶお》という者が自白を始めたのである。

時代の先端を行く龍馬を危険視したのは誰か?（写真提供：国立国会図書館）

それによると、命じたのは組長の佐々木只三郎《ささきたださぶろう》で、実行に及んだのは佐々木、今井ほか五名。見廻組が所属していた京都守護職からの指示だったのではないかと思うが、佐々木は既に死亡しているので正確にはわからないということであった。

現場に残されていた新撰組のものと思われる遺留品は、どう考えてもわざとらしいし、明治政府は龍馬・中岡の暗殺は見廻組の仕業ということで事件の幕を引いた。今井には禁固刑が申し渡されたが、翌々年には赦免《しやめん》されている。

だが、見廻組には動機がないのである。実際に近江屋を襲撃したのが、佐々木、今井らだったとしても、誰が何の目的で命じたのかが不明である。もちろん見廻組は佐幕《さばく》派だが、龍馬を斬るほどの理由も、同じ佐幕派である新撰組が犯人であるかのように偽装する理由もないのである。

凶行についても、不思議なことが多い。それまで龍馬は近江屋の土蔵にいて、たまたま事件当日に母屋の二階に移っていたのに、刺客《しかく》たちは迷わずそこを訪ねてきている。龍馬とごく身近な者、あるいは見知った者が、何らかの形で関わっていたり、情報を逐一流していたとも考えられる。

◆暗殺の動機は誰にもあった！

その頃、討幕・王政復古を目標とする面々は、龍馬の行動に神経を尖らせていた。

討幕・王政復古の考えは、幕藩体制を倒し、朝廷を中心とした政府をつくってこそ日本は海外の列強と肩を並べうるというもので、そのために多くの志士が命を捨てまで実現のために行動してきた薩摩・長州・土佐などの中堅、下級藩士がその中心で、龍馬もここに属していた。ところが、龍馬は大政奉還という案を提言し始めたのである。これでは、幕府が政権を朝廷に返還するという形をとるものの、依然として権力の中枢に座り続けることになり、討幕の機会が失われる。

たとえば、討幕派のリーダーであった西郷隆盛《さいごうたかもり》、大久保利通《おおくぼとしみち》、桂小五郎《かつらこごろう》などにとって、龍馬は裏切り者、あるいは政敵となったのである。幅広い人脈と変幻自在な行動力を持った龍馬は敵として侮れる存在ではなく、無視できるものではなかった。西郷であれ大久保であれ、自らが行動しなくても、功名心にはやる見廻組の者に龍馬暗殺を指示をする、あるいは居所の情報を与えるのは簡単である。

龍馬の行動を阻止するために暗殺の動機を持つ人間は多く、「実行犯の自白」にもかかわらず、真相はいまだにやぶの中である。

坂本龍馬（一八三五～一八六七年）
幕末の尊攘派《そんじょうは》志士。土佐藩の郷士出身。勝海舟《かつかいしゅう》のもとで神戸海軍操練所《かいぐんそうれんじょ》の設立に関わる。亀山社中《かめやましゃちゅう》、のちの海援隊を組織。薩長同盟《さっちょうどうめい》を介して討幕派を結集させ、大政奉還の実現にも尽力したといわれるが、京都で暗殺された。

江戸中を駆け巡った、徳川家定三五歳での死は、大老井伊直弼の陰謀との噂

◆篤姫も送り込まれた水戸と紀伊の対立

ヨーロッパ諸国の船が日本近海に現れ、徳川幕府が動揺し始めた時代に、幕府の勢力争いのなか不審な死を遂げた将軍がいる。

一二代将軍の家慶《いえよし》は二九人もの子をなしたが次々に夭折《ようせつ》し、成年に達したのは家《いえ》定《さだ》ただひとりだった。家定には知的障害があったのか、成人してからも子どものような性格で、庭の鳥を追いかけたり、家臣に銃を突きつけて驚かせ、その様子を見てはしゃいだりしたという。正室は歴代将軍と同様に京の公家《くげ》から迎えたが、子ができないまま数年で他界し、二度目に迎えた妻も同様に早死にした。

家定は、もう妻は娶《めと》らんと言ったそうだが、跡継ぎを絶やすわけにいかない。一八五六（安政三）年に三人目の妻として迎えられたのが薩摩の島津斉彬《しまづなりあきら》の養女の

篤姫《あつひめ》（天璋院《てんしょういん》）であった。むろん政略結婚であるが、大名の娘を正室にするというのは、ほとんど前例がない。斉彬は、家定に世継ぎの誕生が望めないことを知っていたが、次の将軍擁立のため布石として篤姫を送り込んだのである。

その頃、有力な将軍候補とされていたのが、水戸から一橋家《ひとつばしけ》の養子に入った一橋慶喜《よしのぶ》と、紀伊藩主の徳川慶福《よしとみ》であった。幕府内は、一橋派と紀伊派（南紀派）に分かれ、激しく対立していたのである。斉彬や、慶喜の実父である徳川斉昭《なりあき》は一橋派であり、篤姫とその側近として送り込む奥女中は、大奥を一橋派へと懐柔することをもくろんでの輿入《こしい》れだった。

だが、輿入れからわずか一年半後の一八五八（安政五）年七月六日、家定は三五歳で死去する。在職五年、将軍としても短命であった。

◆大老は強硬手段をとったのか？

幕府が家定の死を発表したのは八月八日と、およそ一カ月後のことである。そのためか江戸の町では、家定は伝染病のコレラで死んだ、いや毒殺されたのだという噂が流れた。

家定の死因は、数日前から悪化していた脚気《かっけ》が原因であったとされている。当時は、脚気で命を落とす者が多かったのである。また、混乱を避けるため将軍の死をしばらく伏せるということも珍しくはない。しかし、幕府内の派閥抗争が激化していたせいか、将軍暗殺の噂はなかなか消えなかった。

毒殺説では、黒幕は徳川斉昭と井伊直弼《いいなおすけ》のどちらかだといわれた。

まず斉昭は、わが子の一橋慶喜《よしのぶ》を次期将軍にしようと画策したがかなわなかった。家定の死の直前の六月二五日、慶福が次の将軍として正式に決定し紀伊派が勝利していたのである。そこで家定に恨みを抱き、奥医師と共謀して毒を盛ったというのである。将軍擁立のためなら外様《とざま》の島津とでも手を組む斉昭なら、可能性がないわけではない。

だが、斉昭にとっては、家定が生きていたほうが都合がいい。家定が死んだら慶福がすぐに将軍の座につくが、幼稚な家定のことゆえ生きていれば気が変わって、やはり慶喜を後継者にすると言い出すかもしれないのである。

一方の井伊の可能性はどうか。井伊は、家定の信任によって大老に就任した人物である。当時の老中首座はほかの人物を強く進言したのだが、家定は井伊直弼をおいてほかにないと、聞き入れようとしなかった。

ならば、井伊と家定の結びつきは強固なはずだが、家定は感情の起伏が激しく、いつ井伊を嫌うようになり、後嗣《こうし》決定を白紙に戻すかわからない。それに正室の篤姫は一橋派の薩摩から送り込まれてきたのであり、篤姫に説得されて、一橋派に味方するようになるかもしれない。井伊がこうした不安定要素を取り除きたいと思っても不思議はない。

家定が生死の境をさまよっている最中、井伊は一橋派の面々に、登城停止、謹慎などを命じた。家定の死後には、将軍急病死の責任を問うとして、将軍の側近たちに厳しい処分を与えている。これらの行為は、井伊が奥御祐筆《おくごゆうひつ》の志賀金八郎《しがきんぱちろう》という者を使って毒を盛らせたのを隠蔽《いんぺい》するためだといわれた。実行犯として取り沙汰された志賀もまた、口封じのために殺されたと伝えられている。

徳川家定（一八二四～一八五八年）
徳川第一三代将軍。京の公家の息女を正室に迎えるものの二度続けて先立たれる。その後、島津斉彬《なりあきら》の養女篤姫《あつひめ》を正室に迎えるが、世継ぎができず継嗣問題となる。紀伊藩主の慶福《よしとみ》が継嗣と決まった直後に没した。

あまりにも急な島津斉彬の死！ささやかれる毒殺説と遺書の謎

◆上洛を計画していた矢先の急死

薩摩藩主の島津斉彬《しまづなりあきら》は、一八五八（安政五）年七月八日に鹿児島城下の天保山《てんぽうざん》で大調練を行なった。朝から騎乗で駆け回って銃隊を指揮し、午後は大砲の実弾射撃を点検、終了してのちは船に乗って沖へ出て魚釣りをするという壮健ぶりだった。ところが、翌日の夜から突然、高熱と下痢に襲われ、日を追うごとに重態となって発病から七日後に死んだ。蘭方あるいは漢方の藩医らは、斉彬の病状をコレラまたは赤痢と診断したが、英明《えいめい》をもって聞こえた藩主のあまりにも急な死は内外にショックを与えた。西郷隆盛は京都でその知らせを聞き、殉死しようとしたほどだった。

その六月、次期将軍が紀州藩主の徳川慶福《よしとみ》（家茂《いえもち》）に決定したが、慶福を擁立していた大老・井伊直弼《なおすけ》は専横ぶりを発揮し、それを西郷から聞いた斉彬は兵を率いて上洛《じょうらく》する決意をした。天保山での調練もそのためで、西郷に上京の手配を命じていた。

兵を率いて上洛するといっても、当時は参勤交代の行列の人数にさえ細かい規則があり、違反しようものなら改易《かいえき》をはじめ厳しい処罰が加えられたほどだ。また、西国大名が参勤交代の途中に京都に立ち寄ることも禁じられていた。斉彬の行動は、幕府との全面対決を意味していたのである。藩内には斉彬のこうした急進的なやり方に危機感を抱く者も多かった。

◆対立していた父と子

あまりにも突然だったこの大名の死には、疑問を感じる者もいたようだ。愛妾《あいしょう》は病気の様子を「おかしな病気だった」と語り、斉彬と交流のあったオランダ人ポンペは毒殺の風聞があったと語っている。そしてこの暗殺の黒幕の可能性としては、藩の存亡を案じた斉彬の実父で隠居していた斉興《なりおき》が、家老の島津豊後《ぶんご》に命じたという説がある。毒は亜砒酸《あひさん》系で、斉彬の居間の違い棚にあった鮨《すし》に入れたといわれるが、真相は不明である。

死の前日、斉彬は近臣の山田壮右衛門《やまだそうえもん》を呼んで遺言を告げた。世子《せいし》の哲丸《てつまる》はまだ生後一〇カ月である。そこで斉彬は、次の藩主は弟の久光《ひさみつ》の長男・忠義《ただよし》にすること、忠義を自分の娘の婿養子とすること、哲丸を忠義の順養子とすることなどを命じたのであった。

久光も病床に駆けつけ、忠義を助けて藩政の後見をするよう斉彬に命じられたというが、壮右衛門は後見のことは聞いていないと語ったという。二者の食い違いは、斉彬の臨終に明かされていない何かがあったことを示しているのではないだろうか。

斉彬と久光は、もともといわく付きの兄弟であった。久光は、斉興と側室のお由良《ゆら》の間に生まれたのだが、斉興はお由良を寵愛《ちょうあい》するあまり、

幕末の開明派君主・島津斉彬は、実父が盛った毒に倒れたのか?

久光を藩主の座につけようとした。この「お由良騒動」で、藩が真っ二つに割れ、斉興が隠居に追い込まれるという危機があったのである。

もっとも、お由良騒動の際に久光擁立に動いたものの果たせなかった藩内の保守派は、常日頃から斉彬の政策は財政を圧迫すると反対していた。このたびの上洛計画についても、何としてでも実現させまいとして毒を用いても不思議ではない。

だが仮に斉興の命による斉彬暗殺だったとした場合、斉興の思い描いたとおりの結果にはならなかった。たしかに斉彬の遺言どおり久光の子・忠義が藩主となると、後見についたのは祖父にあたる斉興だった。だが、藩の実権を握ったのは久光である。久光は、斉彬の遺志をよく継ぎ、幕末の薩摩藩が大きな方向転換をすることはなかったのである。

島津斉彬（一八〇九～一八五八年）
幕末期の薩摩藩主。徳川斉昭、阿部正弘らと交流、中央政界からの評価も高かった。家督を相続すると、藩政改革に乗り出し、洋式工場群を設け殖産興業を推進。将軍継嗣問題では一橋慶喜を推すが挫折する。

史上唯一家臣によって暗殺された崇峻天皇
その黒幕は聖徳太子!?

◆群臣の前での天皇暗殺事件

日本史上で記録されている二件の天皇暗殺事件のうち、一件は眉輪王《まよわのおう》による安康《あんこう》天皇暗殺であり、もう一件が、五九二年の崇峻《すしゅん》天皇暗殺である。

『日本書紀』によると、崇峻天皇は東国からの使者が貢ぎ物を献上するからと宮殿におびき出され、蘇我馬子《そがのうまこ》の命を受けた東漢直駒《やまとのあやのあたいこま》という者に殺された。群臣の目の前で絶命した崇峻天皇は、喪葬儀礼として一定期間、遺骸を安置する殯《もがり》もされないままその日のうちに倉梯岡陵《くらはしおかのみささぎ》に葬られたという。

歴史のなかで、退位させられ流罪になった天皇や、暗殺されたという噂のある天皇はいるが、このようにまるで人々に見せつけるかのような殺害はほかにない。しかも、殺害の主導をとった蘇我馬子は罪に問われるどころか、その後ますます実権を握るようになった。これは一体、どうしたことだろうか？

そもそも崇峻天皇は、皇位につく可能性がほとんどない人物だった。欽明《きんめい》天皇の子のうちで皇位についたのは敏達《びだつ》、用明《ようめい》、推古《すいこ》、崇峻の四名だが、崇峻の母だけが后として格下とされていた。そのため、崇峻天皇よりは、敏達天皇や用明天皇、炊屋姫《かしきやひめ》（のちの推古天皇）の子どものほうに皇位継承の優先権があったのである。

しかし敏達天皇が没したときには、その皇子で炊屋姫との間の子供である（当時は異母兄妹は結婚できた）竹田皇子《たけだのみこ》がまだ幼かったので、成長するまでの中継ぎとして用明天皇が即位する。

ところが、その用明天皇も即位してから二年で没してしまうのである。そこで次の天皇を誰にするか、炊屋姫と馬子が相談した結果、やはり中継ぎとして擁立され皇位についたのが崇峻天皇なのである。

このいきさつからも、政治の実権を握っていたのは炊屋姫と蘇我馬子であることは明白である。崇峻天皇は名目だけの天皇であった。

その不満から、崇峻天皇は徐々に馬子を憎むようになったようである。あるとき、献上された猪を見た崇峻天皇が、「いつになったら、この猪の首を切るように、いやな男の首を切ることができるだろうか」とつぶやいたという。馬子はこれを聞いて、いやな男とは自分であることを悟り、崇峻天皇の殺意を認識し、先手を打つべく殺害を決意したのであろう。

以上は、『日本書紀』の記述によるものであるが、崇峻天皇の殺害は、馬子だけが画策したことではなく、その陰には、炊屋姫と聖徳太子がいたとする説がある。

◆馬子の陰に隠れている本当の黒幕

崇峻天皇の即位には炊屋姫のあと押しもあったのだから、馬子の独断で殺害できるはずはない。しかも、崇峻天皇のあとに皇位についたのは炊屋姫で、その補佐についたのが用明天皇の子である聖徳太子《しょうとくたいし》（厩戸皇子《うまやどのおうじ》）なのである。

中継ぎのはずだった崇峻天皇が、豪族の大伴《おおとも》氏と結んで馬子・炊屋姫を排除しようと画策したために、馬子は炊屋姫と王族のなかで頭角を現していた聖徳太子と共謀し、崇峻天皇暗殺を実行したというのである。

もしこれが政情の安定した時代なら、無理にでも退位させ、流罪《るざい》にすることもできたであろう。だが、六世紀末の朝廷は、物部守屋《もののべのもりや》を攻め滅ぼした直後であり、崇峻天皇がその残党と手を組んだりしたら、内戦状態に突入する危惧があった。混乱を避けるための強硬手段だったのであろう。

暗殺を指示した人物としては『日本書紀』には馬子の名しか残されていないが、『日本書紀』の編者は、蘇我氏を徹底した悪の権化としているので、殺害の責めを馬子だけに負わせた創作を記したのかもしれない。

崇峻天皇　（生年不詳～五九二年）
六世紀末の天皇。欽明《きんめい》天皇の皇子。幼名は泊瀬部《はっせべ》皇子。用明天皇の死後、蘇我馬子《そがのうまこ》らの擁立で即位。倉梯の地に宮を造営する。馬子との関係悪化からか、殺害され、その日のうちに倉梯《くらはし》岡《おかの》陵《みささぎ》に葬られた。

異人を嫌う孝明天皇の急死で、最も利を得たのは王政復古派の岩倉具視

◆異人を嫌う天皇の死の真相は？

天然痘は伝染性が高く、世界中で多くの人の命を奪ってきた病気である。近年になって種痘《しゅとう》が発見され地球上から根絶されたが、かつては日本でも何度も流行した。孝明《こうめい》天皇も、当時は痘瘡《とうそう》と呼ばれた天然痘によって一八六六（慶応二）年に亡くなったとされている。明治になって出た政府や宮内庁の記録には、そのときの容体が詳しく書かれている。一二月一一日に神楽《かぐら》の席に出た孝明天皇は、その後高熱を発し、吐き気や下痢に苦しんで食事もとれなくなる。顔に吹出物が出るなど天然痘独特の症状があり、二五日に息を引き取ったとされている。だが、その死の直後から、これは病死ではなく毒殺されたのではないかという噂が、宮中の内外で飛び交った。

確かに当時、宮中内には天皇以外にも疱瘡にかかった者がおり、天皇が発病しても不思議はない。しかし天皇の場合は、容体に不自然な点が多い。孝明天皇は当時三五歳、日頃は丈夫でめったに風邪もひかなかったという。その頑健な天皇が発病してからわずか一二、三日で急死してしまったのである。

　このときもいったんは回復の兆しを見せ、食欲も出て、二〇日以降は吹出物の膿《うみ》も止まり、かさぶたができるまでになっていた。そのあとに病状が急変したということは、回復を望まない何者かによってこの機に乗じて毒殺された疑いが強いのである。

異人を徹底して嫌い、攘夷を主張し続けた孝明天皇。

　イギリスの外交官アーネスト・サトウは、その著書『一外交官の見た明治維新』で、内実に詳しい日本人から話を聞き、「私は天皇が毒殺されたのだと信じるようになった」と述べている。さらにサトウは、異人に対して強い姿勢を望む天皇が、諸外国と直面することを予見する人々に殺されたと、暗殺の理由まで記している。

◆天皇の死後主導権を握った人物

孝明天皇は、攘夷《じょうい》は主張したものの倒幕については否定的で、政治はむしろ幕府に委ねるという姿勢であった。天皇のこういった見解は、倒幕派・王政復古派にとって大きな障害であった。孝明天皇の死後、それまで謹慎を命じられていた岩倉《いわくら》具視《ともみ》が政治の第一線に躍り出て、政局はガラリと変化する。

皇位についたのは、まだ一四歳の明治天皇であった。主体的に政治的発言をすることはなく、宮中は岩倉の影響下に置かれたも同然であった。つまり、孝明天皇の死で一番の利益を受けたのが岩倉なのである。

孝明天皇毒殺説の犯人の最有力候補は岩倉であり、最も頻繁にささやかれた噂は、岩倉が宮中の女官をしていた姪を使って、孝明天皇に毒を盛ったというものである。

ほかに疑わしいのは、典医《てんい》である。典医ならば薬物の知識があるし、薬といって毒を与えることも思いのままであろう。当時の宮中には一五人の典医がいたといい、投薬された薬の記録は残っているが、どの人物が投薬したかの名前は残っていない。だが、もし典医が毒を盛ったのだとしても、誰の指示で動いたかとなれば、やはりそれは岩倉であろう。

毒殺説のほかに刺殺説もある。医師が、深夜の宮中に呼ばれ、脇腹を刃物で深く刺された四十前くらいの総髪《そうはつ》の貴人を診察するよう命じられる。しかし、もはや手の施しようのない状態であり、医師は他言を禁じられて自宅へ帰されるというものである。この貴人が孝明天皇だったというのである。伝えられる医師の名前は様々であるが、この噂も後世まで広く流布した。

様々な記録や証言には、孝明天皇の死には噂を生み出すだけの尋常でない様子がうかがえる。幕末とは何が起きても不思議ではない時代だったのかもしれない。

孝明天皇（一八三一～一八六六年）
江戸末期の天皇、名は統仁《おさひと》。日米和親条約には勅許を出したが、日米修好通商条約は許さず、強硬に攘夷を主張。妹の和宮《かずのみや》を一四代将軍家茂《いえもち》に降嫁させ、公武合体による皇室の優位をはかった。天然痘で没したとされる。

維新の志士、大村益次郎襲撃犯の処刑は、なぜ当日停止されたのか？

◆凶刃に倒れた陸軍卿

大村益次郎《おおはらますじろう》は長州出身であり、明治政府の兵部大輔《ひょうぶのたいふ》という高官の地位に上りながら、尊皇攘夷《そんのうじょうい》の志士としての経歴はないという珍しい人物である。大坂で蘭方医学を学ぶうち西洋兵学や造船術を修めるようになり、江戸へ出た。幕府に仕えたが桂小五郎《かつらこごろう》の推薦で長州に戻って活躍、さらに新政府でも軍政の第一人者であった。

大村が自信をもって説いたのが国民皆兵《かいへい》、つまり武士団の解体と徴兵制の実施である。過去の武士の戦い方では西欧列強に伍しての国防はできない、一般庶民をも含む常備軍にしなくてはならないという持論であるが、これが士族過激派の反感を買った。

大村も身の危険を感じ用心を怠らなかったが、一八六九（明治二）年九月四日、ついに襲撃される。宿舎にしていた京都木屋町の旅館の二階で知人たちと湯豆腐の鍋を囲んでいたところ、長州藩士と称するふたりの男が訪ねてきた。従者《じゅうしゃ》が応対に出ると、男たちは刀を抜き、従者、そして大村に斬りかかったのである。

大村は右足を深く斬られ倒れ込んだ。窓から飛び降りた知人たちは、外にもいた刺客たちと渡り合ったが斬り死にし、刺客たちは大村を仕留めたと勘違いして引き揚げていった。

負傷した大村は暗闇の中を階下に逃れ、まだ湯の張ってある風呂桶の中に隠れて九死に一生を得た。だが、残り湯の中に深手を負ったまま潜っていたので出血がはなはだしく、傷口が化膿して敗血症にかかってしまった。

当時最高の技術を持つとされていたオランダ人医師のボードウィンが大坂から呼ばれ、異人と見れば命を奪おうとする攘夷派の残党がうろつく中のこと、厳重な警戒のもとで診察がなされた。

ボードウィンは、すぐに右足の切断手術が必要だと診断したが、政府高官の手術には勅許《ちょっきょ》が必要だという内規があった。無駄な時間が費やされ、勅許が下りたと

日本陸軍の基礎をつくった大村益次郎。
（写真提供：国立国会図書館）

きは既に手遅れとなっており、事件から二カ月後に大村は息を引き取った。

◆疑惑を呼ぶ暗殺者の延命措置

その後、刺客《しかく》たちは捕らえられ、当時の警察機構に当たる弾正台《だんじょうだい》が年内の処刑を決定した。首領の男は長州内戦などを戦った経歴の持ち主で、大村の指導によって新しい兵制が敷かれることに不満を持っていたといわれる。

しかし、刑の執行をめぐる騒動から、暗殺犯の背後関係にも結びつく疑惑が生まれる。処刑の当日になって、京都弾正台の長官から執行停止命令が出て騒ぎとなったのだ。東京の弾正台から正式の通知がないので、死刑執行はできないという理由であった。司法制度がまだ混乱している時代のことで、もっともな言い分のように思われる。しかし、停止を命じた海江田信義《かいえだのぶよし》という人物が問題だった。薩摩出身の海江田はもともとは攘夷論者で、幕末の生麦《なまむぎ》事件にも関わっていたほどだった。海江田が大村を西洋かぶれとして嫌い、ことごとく意見を異にしていたことは広く知られていた。大村は政府の中枢で活躍していたが、海江田は時流から外れ、中央から追われたような形であった。しかも、大村を襲撃した一味の中に、この海江田と親交のある人物がいたのである。

人々は、海江田が処刑を引き延ばしたのは手続き的な事情ではなく大村への恨みと犯人への同情からではないかと噂した。さらには大村襲撃そのものが、じつは陰で海江田が糸を引いていた可能性すら取り沙汰されたのである。

結局、東京の弾正台から督促が出て処刑は執行されたのだが、弾正台長官ともあろう人物が、犯人のひとりと交流があったとしては、批判はまぬがれない。京都弾正台の幹部全員がそのとばっちりを食った形で謹慎を命じられ、京都府知事までが行政処分を受ける羽目となった。

大村益次郎（一八二四～一八六九年）
幕末・明治初期の医学者、兵学者。緒方洪庵《おがたこうあん》のもとで学んで塾頭となる。江戸で洋学塾を開き、幕府にも出仕。長州藩に迎えられ、近代兵器と西洋的組織による軍制改革を指導。明治政府で兵部大輔《ひょうぶのたいふ》となったが、守旧派に襲撃され二カ月後に死亡した。

落馬が死因と言われる源頼朝だが武家棟梁の死の理由としては摩訶不思議

◆不自然な史書の記録

源《みなもとの》頼《より》朝《とも》は、落馬が原因で死んだとされる。鎌倉幕府の公式記録といっていい『吾妻鏡《あづまかがみ》』に、「去る建久《けんきゅう》九年、将軍は帰り道で落馬し、ほどなく亡くなった」と記されているのである。

しかし、腑に落ちないことが多い。頼朝は短軀《たんく》ながらも力が強く、非常に用心深い性格だったという。屈強な武士、しかも武家の棟梁《とうりょう》である男が馬から落ちたくらいで死ぬものだろうか。当時の日本の馬は小型で、肩までの高さが一三〇センチほどだった。加うるに、将軍が落馬したなどと体裁の悪いことが、公式記録といえる文書になぜ残っているのだろう。

不思議なことは、まだある。落馬して打ち所が悪かったのが死因だとしても、

『吾妻鏡』に頼朝の死が記されているのが一二一二(建暦二)年の項なのだ。頼朝が死んだとされる建久九年とは一一九八年のことである。『吾妻鏡』には、その直前から三年一カ月の記録がすっぽりと抜け落ちているのである。将軍の死という一大事があったのだから、記すべきことはたくさんあったはずだ。

もうひとつ、『吾妻鏡』には頼朝の死因が記されていない。「馬から落ちてほどなく亡くなった」とあるが、死因が落馬だとはっきり書いてはいないのである、なぜ政権の長たる者の死因が明記されなかったのだろうか。

『吾妻鏡』が死因を明瞭に記していないこと、公的な記録のはずなのに数年分の記述が欠落していることから浮上するのは、頼朝は暗殺されたのではないかという疑いである。

頼朝は九人兄弟の三男だったが、そのうち一人は早世《そうせい》、四人が討ち死にもしくは戦乱の中で自害し、義経《よしつね》、範頼《のりより》が頼朝によって死に追いやられた。のちにはただ一人残った頼朝の弟・阿野全成《あのぜんじょう》と、頼朝のふたりの息子、頼家《よりいえ》と実朝《さねとも》も非業の死を遂げて、鎌倉幕府の実権は北条《ほうじょう》氏が握ることとなった。その後の歴史を見ると、頼朝の死によって最も得をしたのは北条氏である。

頼朝の死が暗殺であったのなら、真っ先に疑われるのは北条氏であろう。一族である政子が、妻として頼朝の近くに座しているのである。落馬して伏せっている頼朝を何らかの方法で殺すのも、妻であればたやすいことだろうし、『吾妻鏡』の記録を抹消させることができるのも、頼朝の死後、鎌倉幕府の中枢で政権を担うことになる北条氏だけである。

しかし、当時の鎌倉幕府はまだ安定していなかった。北条氏による暗殺の可能性は低いといえよう。北条氏が実権を握ったことは確かだが、建久九年の状況では、まだ頼朝を頂点に戴いていたほうが権力の保持に都合がよかったのではないかと思われる。

◆朝廷との関わりで急死者が続出

それよりも頼朝の死を望んだと思われるのは、京都の反幕派の公家たちである。朝廷内にも親幕派と反幕派があり、反幕派の中心が土御門通親《つちみかどみちちか》であった。

頼朝は、長女の大姫《おおひめ》を後鳥羽《ごとば》帝の后にしようとしていたが、通親らはこれに反発し、幕府と朝廷の関係は悪化していた。奥富敬之氏の『源氏三代　死の謎を探る』

によると、頼朝と朝廷の関わりのなかで、急死者が相次いだ。

まずは京都の公家たちの反発を買う渦中の人物である大姫、そして、大姫に続けて入内《じゅだい》させようとしていた次女の三幡姫《さんまんひめ》、頼朝と親密であった京都守護の一条能保《いちじょうよしやす》とその息子の高能《たかよし》である。しかも、これらの、頼朝と朝廷の難しい関係に巻き込まれた人物たちの死の前後のいきさつには土御門通親が絡んでいる。

病弱だった大姫が入内にむけて上洛しようとしていたとき、通親は病気快癒のために京都から鎌倉へ祈祷師を送る。大姫が亡くなるのはその直後だ。一条能保と高能の死後には、一条家の一族のものが通親の襲撃を企てている。これは、見方によっては仇討ちともとれる。そして、三幡姫は、病を患ったときに通親から派遣された医師に薬を処方されていたというのである。

鎌倉の頼朝の側近のなかにも、大江広元《おおえのひろもと》をはじめ多くの京都出身者がいる。彼らが土御門通親の指示で動けば、落馬して身動きのできない頼朝を暗殺することも可能であろう。

藤原定家《ふじわらのさだいえ》の『明月記《めいげつき》』には、次のような記録がある。

土御門通親は、頼朝死去の報告を聞かなかったふりをして、土御門天皇や後鳥羽上皇にも奏上せず朝廷の役職名簿を作成し、任命式まで行なった。通親は式を終えて初めて、頼朝の死去を知ったかのように驚いてみせ、屋敷に戻って門を閉めてしまったのだという。おそらく、自分の思いどおりになる者だけを役職につけたのであろう。

頼朝が死んで、朝廷内のことをすべて意のままにできるようになったのが、土御門通親なのである。暗殺の動機は十分であったといえよう。

源頼朝（一一四七～一一九九年）
源義朝《みなもとのよしとも》の三男で鎌倉幕府の創設者。平治《へいじ》の乱で敗れて伊豆に流されたが、反平家の兵を挙げる。壇ノ浦で平家を滅亡させ、次いで奥州の藤原氏を滅ぼす。一一九二（建久三）年、征夷大将軍となって、御家人《ごけにん》制をもとにした新しい体制を築いた。

紀尾井坂で暗殺された大久保利通
事件は盟友西郷隆盛の報復だった!?

◆暗殺者と接点を持つ大物

一八七八(明治一一)年五月一四日の朝、明治政府の参議で内務卿の大久保利通《おおくぼとしみち》は、いつものように二頭立ての馬車で邸を出た。紀尾井《きおい》町の坂道に差しかかったところで、ふたりの若い男が草花を手に戯れている。馬車がそこを通り過ぎようとすると、辻便所の陰から抜刀した四人の男が走り出て、馬車に襲いかかった。御者《ぎょしゃ》は即死し、若い男らも合流し、六人の刺客が馬車から降りようとした大久保を刀でめった刺しにした。

馬車の先導をしていた馬丁《ばてい》も帽子を切られたが難を逃れて急報した。しかし大久保は、五〇カ所以上の傷を負って絶命。犯人は、石川県の不平士族、島田一郎《しまだいちろう》(一良)、長連豪《ちょうつらひで》ら六名で、間もなく宮内省の表門にやってきて殺害を自供し、警視本署へ連行された。彼らは懐に「斬奸《ざんかん》状」を携えており、凶行の前にその写しを各新聞社に送っていた。それは、大久保が西郷《さいごう》の征韓論をつぶし、西南戦争で西郷を敗死させたことへの義憤から大奸《たいかん》である大久保を討つといった内容であった。さらには、自分たちの遺志を継ぐ者が現れ、三条実美《さんじょうさねとみ》、岩倉具視《いわくらともみ》、大隈重信《おおくましげのぶ》、伊藤博文《いわくらひろぶみ》、川路利良《かわじとしよし》らについても、彼らに大久保と同じ運命がもたらされることを、島田らは期待している。

西郷が征韓論《せいかんろん》を唱えていた頃、島田は加賀城下に忠告社《ちゅうこくしゃ》という団体をつくり征韓政策に積極的に関与することで、加賀の地位を高めようと意欲を燃やした。だが、西郷の死でその期待も雲散霧消し、そのため大久保を恨んでいたものと思われる。

裁判のあと、全員が処刑された。

◆幼なじみの親友同士の運命

事件の前年にも大久保は刺客の襲撃を受けているが、そのときは危ういところを逃れている。また、数日前には大久保の邸に投込状があった。大久保は内務少輔《ないむしょう》であった前島密《まえじまひそか》に、「近々おいどんの首を申し受けるとあったよ」と笑いながら語っていたという。

木戸孝允《きどたかよし》は既に亡く、西郷も戦死していたので、世では「大久保独裁」と称されるほどに大久保の政策が次々に実施されていた。また、不平士族の反乱など、新政府を揺るがす事態に対しては厳しい弾圧を加えた。そのため、大久保に対する反感は高まっていたという。

しかし、島田らは単純な憤りで大久保を暗殺したのだろうか? この暗殺事件の背後には、ある重要人物の影が見えてくる。その人物とは、このとき既に没している西郷隆盛である。征韓論に破れた西郷が下野してから、大久保の周辺には常に刺客《しかく》の影があったという。この事件の前年にも大久保襲撃事件が起きていた。暗殺者のひとり、長連豪は西郷に心酔しており、一八七四(明治七)年とその二年後の二度、西郷とその同志の桐野利秋《きりのとしあき》に面会している。そのとき西郷が、島田らに大久保暗殺を指令していた可能性も考えられるのである。つまりその場合、大久保暗殺の首謀者は、この世にいない西郷だったということになる。

大久保と西郷は、ともに薩摩藩士で幼なじみの親友で、明治維新のために力を尽くした仲である。だが、征韓論を唱えた西郷と、内治第一主義を唱えた大久保は袂《たもと》を分かち、西南戦争で西郷は敗死する。

西南戦争を前に大久保の手の者が西郷暗殺を企てたこともあったので、西郷がその報復を考えたとしても不思議ではない。

大久保が暗殺されると薩摩閥は大きく後退し、代わって長州閥が政権の中心となった。これによって、最も強い力を持つようになったのが伊藤博文である。しかし、伊藤と島田らの間には何の接点も見いだせない。

西郷が、大久保に対しどのような思いを抱いていたかは、不明である。実際に暗殺の指示があったにせよ、なかったにせよ、すでにこの世にはいない西郷の存在が、島田らを凶行へと駆り立てたことは間違いない。

大久保利通　（一八三〇～一八七八年）
薩摩藩士で、明治初期の政治家。岩倉具視《ともみ》らと王政復古のクーデターを敢行して明治政府を発足。西郷隆盛、木戸《きど》孝允《たかよし》らとともに「明治維新の三傑」と呼ばれた。西南戦争では政府軍を率いて西郷を死に追い込んだ。

脳溢血で死んだとされる上杉謙信 しかし、厠で刺客に殺されたとの説も

◆人一倍、暗殺を警戒した越後の虎?

上杉謙信《うえすぎけんしん》は、一五七八(天正六)年三月九日の午《うま》の刻に春日山《かすがやま》城の厠《かわや》で倒れ、昏睡状態が続いたあと、一三日に没したといわれている。元来が大酒飲みであった謙信のことであり、その症状からも死因は当時「不慮の虫気《むしけ》」と呼ばれた脳溢血と見られている。死の数日前に記したといわれる辞世の詩は「四十九年一睡夢　一期栄華一杯酒」というものである。

勇猛な武将であった謙信だが、死の以前にも病気の記録がいくつか残っている。大酒飲みであったことはよく知られ、腫れ物、腹痛、風毒腫《ふうどくしゅ》などに悩まされており、それほど頑健な体質でなかったと思われるし、謙信が死んだという風聞も何度か流れているほどである。足の腫れ物を苦にするあまり、自殺したという噂さえあった。

四九歳で病没というのも、当時としては珍しいことではなかったろう。

毘沙門天《びしゃもんてん》への信仰が篤く、正義を標榜《ひょうぼう》していた謙信であるが、寛容さに欠け多くの者を手討ちにしてきた。その遺族で、恨みを抱き、謙信を亡きものにしようとする者も多かったとされる。

そのせいか謙信は、暗殺をひどく警戒していた。戦国武将なら誰もが用心したであろうが、謙信は一日に二度は居場所を変え、衣装も着替えるほどの細心ぶりであった。病死と伝えられてはいるが、暗殺の可能性についても指摘されている。

謙信が倒れた場所は厠である。厠ならば警固は手薄になるだろうし、謙信自身も油断するのではないだろうか。謙信の死は、織田信長の刺客《しかく》に厠で刺されたことによるという説も伝わっているのである。

◆国主の臨終を取りしきった一族

信長の刺客とは別に謙信暗殺の疑いを持たれているのが、謙信の死の前後に奇妙な動きを見せた上田長尾家の上田衆である。

謙信は、「生涯不犯《しょうがいふぼん》」を唱えていたため、じつの子がおらず、養子を迎えていた。

上杉景虎《かげとら》、上杉景勝《かげかつ》、上杉政繁《まさしげ》の三人であるが、政繁は既に上条《じょうじょう》上杉家を継いでいたので、後継者と見なされていたのは景虎と景勝のふたりであった。

謙信の死後、このふたりの間で「御館《おたて》の乱」が起こり、景勝が景虎を滅ぼして上杉家の当主となったのだが、景勝を勝利に導いたのが上田衆なのである。

歴史研究家の赤坂大輔氏は、上田衆が謙信の死の真相を知っていると述べている。かつて謙信が関東管領《かんとうかんれい》となったとき、越後から関東への出入り口に位置するのが上田長尾家の所領であった。関東を攻めるにはここを掌握することが絶対条件であったが、上田長尾家の兵力は大きく、領主の長尾政景《まさかげ》は武田家と内通の噂があった。

そして一五六四（永禄七）年、政景は野尻湖で謎の溺死《できし》を遂げた。謙信の手の者が船底に穴を開けたと噂され、政景の肩の下には傷があった

自身を毘沙門天の化身と称した越後の戦国大名・上杉謙信。

という。この事件以降、長尾上田家は謙信に掌握され、上田衆は常に戦の前線に送られた。上田衆には謙信への敵愾《てきがい》心が募っていたことだろう。そして養子の景勝は、政景の遺児なのである。謙信に対し遺恨を持っていないほうが不思議なのではないだろうか。

　御館の乱で景勝を擁して勝利した上田衆は、いち早く春日山城の本丸を占拠した。そして、後世に伝えられている謙信の死の状況は、すべて上田衆によって喧伝《けんでん》されたものなのである。

　謙信の死の直前、上田衆を率いていた直江兼続《なおえかねつぐ》は、謙信の死を予見するような言《げん》辞《じ》を弄していたという。謙信暗殺の実行を前に、気持ちの昂ぶりのままに危険を承知しつつ、つい口をすべらせたのではないだろうか。

　景勝が上杉家の当主の座につくと、この兼続が執政となり、越後の領土の多くを上田衆が占めるようになった。

上杉謙信　（一五三〇～一五七八年）
戦国時代の武将。越後守護代・長尾為景《ためかげ》の次男。病弱な兄に代わって家督を相続。足利義輝《あしかがよしてる》から越後国主の地位を認められる。甲斐《かい》の武田信玄や小田原の北条氏康《ほうじょううじやす》と戦火を交え、織田信長とも敵対するが、遠征準備中に急死する。

承久の乱勃発の前兆だった蹴鞠と和歌に没頭した源実朝の暗殺

◆青年の凶行の裏には黒幕が?

右大臣の位を得て、その就任拝賀の式典に一〇〇〇人の鎌倉武士を従えて臨んだ三代将軍・実朝《さねとも》は、儀式を終え京から来た公家たちに見送られるなかで殺害され、首を取られた。手を下したのは甥の公暁《くぎょう》である。

公暁は「親の仇を討つ」と叫び、「次の将軍は私だ」と主張したと伝えられている。なるほど、公暁の父は幽閉・殺害された二代将軍・頼家《よりいえ》で、公暁も幼くして出家させられていなければ将軍の座についていたかもしれない。しかし、頼家殺害は北条《ほうじょう》氏の策謀であったし、実権のない将軍である実朝の首を挙げたからといって、次の将軍にすんなり収まれるはずがない。

表面的にこの事件を見ると、実朝が父を殺して自分を不遇の身に落としたと思い込んでいる青年が、わざと目立つ場でなした愚かな犯行のように思える。しかし、凶行のその瞬間、一〇〇〇人の武士が控えていたのは実朝からは離れた鶴岡八幡宮の鳥居の外であり、実朝自身は式のために丸腰に近い状態だった。公暁はわずか数人の法師とともに襲撃を成功させており、暗殺は周到に用意された計画だったのである。公暁の単独の犯行ではなく、彼をそそのかし、手引きをした黒幕がいたと考えるのが自然である。

◆重職たちの不可解な行動の理由

まず疑わしいのは、北条義時《ほうじょうよしとき》が率いる北条氏である。対立する者をことごとく滅亡させてきた北条氏にとってこの出来事は、源氏一族である実朝と公暁を一度に片づける絶好の機会だったろう。

また義時はこのとき、実朝を先導する役を務めるはずだった。ところが直前になって気分が悪くなったために源 仲章《みなもとのなかあきら》と交代し、帰ってしまったというのである。交代した源仲章は実朝とともに殺されている。義時は危うく難を逃れたわけだが、あまりにも都合がよすぎる交代である。

武家の棟梁でありながら京風文化を好んだ源実朝。

疑わしい人物がもうひとりいる。三浦義村《みうらよしむら》だ。実朝の首級《しゅきゅう》を抱えた公暁は、義村の邸に駆け込んだとも、義村に宛てて手紙を書いたともいわれている。いずれにせよ助けを求めたわけだが、義村はことの次第を義時に報告して、手の者を送って公暁を討たせた。

この義村は、公暁が実朝と義時暗殺に成功したら、その混乱に乗じて一気にクーデターを起こすことを画策していたとも考えられるのだ。だが、義時が生きていては勝ち目がない。そこで公暁を裏切り、口封じのために殺したという可能性もある。

義時と義村のどちらが黒幕だったのだろうか？　もうひとつ考えられるのは、ふたりが共謀したうえでの暗殺事件だったということである。

実朝は歌人でもあることから、ひ弱な文学青年で政治には消極的だったというイメージが強い。だが、京の文化に親しむということは、あえて京に幕府を置かず武家の力だけで政治をとるという鎌倉幕府の方針とは食い違っている。

それでも文化だけなら害はないが、実朝は後鳥羽《ごとば》上皇との関わりを強くし、高い官位を次々に与えられた。実朝とともに殺された源仲章も、実朝の学問の師として京からやってきた公家で、かつては後鳥羽上皇の側近だった人物である。実朝は仲章を政所の別当という地位に置き、政治上でも側近としている。

北条も三浦も、実朝を将軍の座に置いていては、さらに朝廷寄りの政治路線をとるのではないかと予想し、抹殺を謀《はか》ったのかもしれない。

実朝の死後、幕府と朝廷の対立は表面化し、やがて承久《じょうきゅう》の乱が勃発することとなる。

源実朝　（一一九二～一二一九年）
鎌倉幕府三代将軍。源《みなもとの》頼朝《よりとも》と北条《ほうじょう》政子の二男。二代将軍であった兄の頼家《よりいえ》が失脚すると将軍に擁立された。京の文化へのあこがれが強く、蹴鞠《けまり》と和歌に熱中した。鶴岡八幡宮に詣でた直後、甥の公暁《くぎょう》に殺害された。

◉ 第3章　正体 ◉

歴史上に燦然と輝く人物の真の姿とは？

最も日本人に親しまれる古代の聖人、聖徳太子は実在しなかった？

『源氏物語』の作者、紫式部は藤原道長の愛人だった？

◆藤原道長の妾？

紫式部《むらさきしきぶ》といえば『源氏物語』の作者として知られるが、一方で一条天皇の中宮・彰子《しょうし》に仕える女房《にょうぼう》でもあった。紫式部は宮中での日々を『紫式部日記』に書き残し、彰子の詳しい出産記録や後宮《こうきゅう》の女房たちの生活などを後世に伝えている。その記録のなかに、一〇〇八（寛弘五）年九月九日の重陽《ちょうよう》の節句の日の話がある。

この日、紫式部は彰子の母の源倫子《みなもとのりんし》から、「この綿で顔をふいて若返るように」と菊の綿を名指しで贈られたとある。重陽の節句の日に、菊の花にかぶせて露を染み込ませた綿を肌に当てると若返ると信じられていたためで、紫式部は「私は少し触れて、あとは奥様にお譲りします。千年若返ってください」という返歌を詠んでいる。

結局、倫子には渡しそびれて終わったが、中宮の母からねぎらいをかけられるというのは、とても光栄な話である。だが、じつはこのやり取りの背景には倫子と紫式部の間の微妙な緊張関係が潜んでいたともいわれている。

というのも、紫式部は倫子の夫である藤原道長《ふじわらのみちなが》と愛人関係にあったといわれているからだ。

南北朝時代の『尊卑分脈《そんぴぶんみゃく》』という系図には、紫式部の項に「藤原道長妾」と書かれていた。この説については一九九四（平成六）年の小学館日本文学全集に「式部が道長の召人《めしうど》（主人と恋愛関係にある女房）であったことは疑問の余地がない」とあり、近年、これを支持する人も多い。

◆紫式部のもとに忍んできた男とは？

ではなぜ、ふたりの間の愛人関係が指摘されるようになったのか。

じつは『紫式部日記』には、ふたりのただならぬ仲を疑わせるふしがある。

あるとき、道長が色恋の『源氏物語』を書く紫式部を「好きもの」と評判だと歌でからかうと、紫式部は「男性経験もないのに」と歌で切り返している。どこかなめまかしさが伴うが、この記述に続いて紫式部の局に夜、ある男性が戸を叩いて誘いをかけてきたというエピソードを載せている。

紫式部が戸を開けず夜を明かすと翌朝、「一晩中、泣きながら戸を叩いていましたよ」という歌が送られてきたという。この男性が誰であるかは記されていない。

『源氏物語』や『紫式部日記』など優れた作品を残した紫式部。

しかし「好きもの」の記事と「戸を叩く」記述の連続性を考えると、和歌を交わした道長が忍んできた可能性がある。このときは戸を開けなかったが、この後進展したふたりの仲をほのめかしているとも捉えられてきた。

当時は権力者が浮名を流すのは珍しくなく、女房にとっても権力者と深い仲になるのは名誉なことだった。上流貴族ではない紫式部が、彰子の女房たちのなかで優遇されたのも、『源氏物語』の作者というだけでなく、道長の個人的な肩入れがあったとすれば納得がいく。

とはいえこのふたりの恋愛関係が事実かどうかは不明だが、こうして考えると、冒頭の菊の綿の話も見方が変わる。倫子は夫の年下の愛人に「あなたももう若くない」と嫌みを言い、紫式部も「年上の奥様こそ綿でうんと若返れば」と痛烈な皮肉を返した、妻と愛人の皮肉合戦だったともいえなくもない。

果たして真実はどうだったのだろうか。

紫式部(九七八?~一〇一九年?)
『源氏物語』の作者として知られる平安時代中期の作家・歌人、女房(女官)。中宮彰子に出仕して身辺の世話をし、『紫式部日記』を残すとともに、歌人としても活躍。自身の作品を集大成した『紫式部集』を編纂した。

22歳という異様に遅い元服と異例のスピード出世 その納得の理由とは？

◆新参者の直政が家臣団のトップに

井伊直政《いいなおまさ》は徳川屈指の精鋭部隊「赤備え《あかぞな》」を率いて数々の戦場で戦功をあげ、徳川家康の天下統一に貢献した武将である。

徳川四天王のひとりに数えられるため、譜代《ふだい》の三河武士かと思いきやじつはかなり遅れて召し抱えられた新参者だったというから驚きだ。

直政は遠江《とおとうみ》の井伊谷《いいのや》の領主・井伊直親《なおちか》の子。父が徳川家康に通じた疑いで、今川氏に謀殺されると、まだ幼い直政も放浪生活を送るが、一五七五（天正三）年、一五歳の時に家康に仕えた。鷹狩りの途中の家康に偶然出会い、見いだされたとされるが、じつは直政の継母で井伊家を取り仕切っていた直虎《なおとら》らが、家康に出仕するお膳立てを整えたともいわれている。

彦根藩井伊家の祖となった井伊直政。

家康の家臣団に加わった直政は驚異的なスピード出世を果たす。信長の死後、主家が甲斐を占領すると、直政は武田家旧臣の一部を与えられ、武具を赤一色にした「武田の赤備え」の継承も命じられた。以降、この赤備えを率いて活躍した直政は小田原攻めの論功《ろんこう》行賞《こうしょう》で、当時の徳川家臣団では最高の石高となる一二万石を与えられる。新参者でまだ年も若い直政が家臣団トップに躍り出たのだ。

異例ともいえるスピード出世には何か特別な理由があるのでは?と思うのが当然だろう。そのため直政が家康の寵童《ちょうどう》だったという説が取りざたされてきた。直政は見栄えの良い若者であったため、家康に男色の相手として寵愛されたのではないかというのだ。

また、直政が当時としてはかなり遅い二二歳で元服《げんぷく》したことも寵童説の根拠のひとつとされた。家康が、前髪姿でいることを望み、元服させなかったというのである。

たしかに家康は十五人もの側室を抱える絶倫ぶりを発揮したものの、男色の趣味はなかったという反論も根強い。

◆築山殿と直政は親戚だった？

ではなぜ、直政はこのような出世を遂げたのか？

直政の実力に加えて家康の妻・築山殿《つきやまどの》との関係も指摘されている。築山殿は今川《いまがわ》義元《よしもと》の重臣・関口義広《せきぐちよしひろ》と義元の妹との間の娘とされてきた。ところが『井伊年譜』には築山殿の母は義元の妹ではなく、直政の曽祖父・井伊直平《なおひら》の娘で義元の側室とある。義元は側室を妹として関口氏に嫁がせ、築山殿が生まれたというのだ。

これが事実であれば築山殿も直政も井伊直平の血を引いた縁戚《えんせき》となり、家康は築山殿の縁から直政を取り立てたのではないかという。家康は築山殿と長男・信康《のぶやす》を死に追い込んだが、信康と年の近い直政に信康の面影を見いだし、特別な思い入れを持っていた可能性もあるというのである。

また、極端に元服が遅れた理由は、継母の井伊直虎の存在が指摘されている。直政は、苦しいときに井伊谷を支えた直虎に女当主でいてほしいと望み、自分の元服を先延ばしにしたのではないか。直政が元服したのは直虎の死の3カ月後だったという事実がそれを物語っているのかもしれない。

井伊直政（一五六一～一六〇二年）
遠江国井伊谷の出身とする戦国武将。徳川家康に仕えて、赤備えを率い、各地で戦功をあげ、徳川四天王のひとりに数えられた。関ヶ原の戦いでは本多忠勝とともに軍鑑を務め、島津勢追撃の際に負傷。近江佐和山城を与えられたが、間もなく没した。

武田信玄の懐刀、山本勘助は実在の人物なのか？それとも架空か？

◆『甲陽軍鑑』が伝える武田の策士

山本勘助《やまもとかんすけ》は、武田信玄《たけだしんげん》の軍師として信玄のことを語った軍談や演劇には欠かせない存在だ。

勘助の墓は、愛知県豊川市の長谷寺《ちょうこくじ》にあり、縁起によると、勘助は現在の豊橋市に生まれ、二〇歳のときに武者修行のため諸国をまわり、四五歳で信玄に仕えたという。武者修行で身につけた兵法や軍学を信玄に見込まれたのだろう。

武田信玄・勝頼《かつより》の事蹟《じせき》などが記された『甲陽軍鑑《こうようぐんかん》』によると、川中島に築かれた海津城《かいづじょう》は勘助の設計であったという。また「勘助曲輪《くるわ》」と呼ばれる囲いを持つ高《たか》遠城《とおじょう》の建設にも関わったとされる。勘助が築城に関する知識にも通じていたことがわかる。

勘助の策士ぶりを伝える有名な話がある。信玄が自身で滅ぼした諏訪《すわ》氏の娘を側室にしようとした際、滅ぼした家の娘を迎えるのは危険だとほかの重臣が皆反対するなか、勘助は「男子が生まれれば、諏訪氏が再興し、彼らは忠誠を誓うでしょう」と言って、ただひとり賛成したという。いわゆる、政略結婚を信玄に勧めたのである。

そして、一五六一（永禄四）年、信玄が、第四回川中島の合戦で妻女山《さいじょざん》に陣を構えて動こうとしない上杉謙信を攻めあぐねていたときには、「啄木鳥《きつつき》戦法」という戦い方を進言したという。この戦法は、軍を二手に分けて、一方は敵の背後から、もう一方は正面から攻めて挟み撃ちにするという戦法であった。しかし、この戦法は謙信に見抜かれてしまう。勘助は自ら敵陣に突入して壮絶な戦死を遂げたという。

◆歴史の表に登場しにくい軍師という役割

勘助について、記述された史料は『甲陽軍鑑』と、それをもとに書かれた武田流軍学書だけであり、その時代の信憑性《しんぴょうせい》のある史料には勘助の名は見当たらず、長い間、勘助は実在ではなく、架空の人物である、もしくは、仮に実在していても身

卓越した智略を駆使した武田信玄の軍師・山本勘助。

分が低く、いわれているように信玄の軍師などではないというのが学界の通説であった。

そもそも、軍師というのは、指揮官を助けて、軍事や政治の最高機密に参画する職責《しょくせき》である。だから、表に立つのではなく陰の存在なのだ。したがって、実像を把握することが困難とならざるをえない。

存在自体が架空ではないかとされた勘助だったが、一九六九（昭和四四）年に、実在を証明する重要な史料が発見された。

発見したのは、北海道釧路市在住の市川良一氏。市川氏の所有する文書のなかに勘助と思われる人物について記述されていたのである。市川氏の先祖は信濃国の豪族であったという。はじめは武田氏に所属していたが、のちに上杉景勝《かげかつ》の家臣となった。時代は明治になり、屯田兵《とんでんへい》として北海道の開拓に加わり移住した。

この文書は『市川文書《いちかわもんじょ》』と呼ばれ、鎌倉以降の重要な史料が含まれていて、重要文化財に指定されている。そのなかに、川中島の合戦の最中に信玄が味方の信濃国の豪族・市河藤若《いちかわふじわか》に宛てた書状の末尾に「なお山本菅助口上有るべく候……」と書かれており、勘助の存在が浮かびあがってくるのだ。

これにより、勘助が実在の人物であった可能性が高まった。『市川文書』における「山本菅助」は軍師ではなく、伝令将校である。『孫子』では情報伝令の重要性が説かれている。『孫子』に精通していた信玄が伝令将校を任じたのであれば、その人物は重要な役割を担っていたはずである。ただし、「軍師勘助」と「伝令将校菅助」との間を示す史料はまだない。

山本勘助 (生年不詳~一五六一年)
三河《みかわ》国の出身といわれる。武田信玄の軍師として、重用される。上杉謙信との第四回川中島の合戦で、戦死したという。人物の実在について疑問視されていたが、存在を認める研究者が増えている。

最も日本人に親しまれる古代の聖人、聖徳太子は実在しなかった？

◆聖徳太子に関する様々な謎とは？

日本人にとって、聖徳太子《しょうとくたいし》は最も親しみのある歴史上の人物のひとりである。

かつて、一万円札には太子の像が使われていた。この像は奈良の法隆寺に伝えられている『聖徳太子及二王子像《しょうとくたいしおよびにおうじぞう》』をもとに描かれていた。しかし、この肖像画は太子と同時代ではなく、時代がかなり下ってから描かれたものである。そのためこの図像を検証するといろいろな疑問が浮き彫りとなる。

まず、肖像画のなかで太子が手に持っている笏《しゃく》だが、これは太子の生きた時代である飛鳥時代には存在せず、正装のとき冠とともに持つようになったのは奈良時代のことである。

太子が着ている装束についても、この服を皇族が着るようになったのは、天武《てんむ》天皇の時代からである。天武天皇の時代といえば太子が亡くなってから約六〇年後の時代である。さらに、太子の被っている黒い冠は、この装束を着ている際には着用しない決まりだった。奈良時代は朝廷での服装について、その細部にわたって規則があったのである。

あごの髭にいたっては、後世に描き加えられたものらしい。

『聖徳太子及二王子像』は、その画風から、唐の肖像画を模して制作されたのではないかともいわれ、近年では教科書からも消え始めているのである。

このように、太子に関する謎は一万円札一枚からもいろいろとうかがうことができるのだ。

そもそも聖徳太子という名前は、後年に贈られ、それが平安時代の半ば以降一般化したものである。存命中は、厩戸皇子《うまやどのみこ》、上宮王《かみつみやおう》、豊聡耳皇子《とよとみみのみこ》などと呼ばれていた。われわれが「聖徳太子」として思い浮かべる人物は、姿も名前も飛鳥時代に政界で活躍した人物とはかなりかけ離れてしまっているのである。

太子は、自らは天皇にならず推古《すいこ》天皇の摂政《せっしょう》として政治を行なったとされている。だが、太子自身が天皇になっていたという説もある。その根拠のひとつが、現存する太子の最古の伝記『上宮聖徳法王帝説《じょうぐうしょうとくほうおうたいせつ》』である。帝説とは、「天皇に関する伝記」という意味である。この表題は、伝記の作者が太子を天皇として見ていたことを意味している。

また中国の史書である『隋書《ずいしょ》』倭国伝の記述も、太子が天皇になっていた証拠であるとされる。『隋書』に登場する六〇〇（推古八）年の倭国王の名が、男性名なのである。日本史の上では推古天皇の在位期とされるが、この時期の天皇は男性、つまり政治の中心であった太子が天皇だというのである。

◆聖徳太子は実在したのか？

諸説ある太子論のなかには、聖徳太子そのものの存在についての疑問を唱える説もある。

歴史学者の大山誠一氏によると「太子の別名とされる、厩戸皇子という人物が存在したのは確かである。しかしその人物が聖徳太子であったかどうか。太子に関する確実な史料は存在せず、太子に言及している『日本書紀』や法隆寺の史料は太子の死後一世紀も後のものである」という。大山氏の歴史を覆す提起は学界に論争を巻き起こした。

太子の業績とされる「憲法十七条」が、本当は太子自身によってつくられたものではないとも考えられている。後年、奈良時代の『日本書紀』の編纂者によってつくられたのではないかというのである。聖徳太子の事績《じせき》とされたものが、別人の手によるものであれば、太子の実在を示す証拠がひとつ消えることになる。

このように、太子の存在について、歴史家によって様々な見解がある。一四〇〇年も昔の人物であるため、それを明確に証明する史料などが見つからない限り存在の有無が確定できないだろう。

しかし、無責任な話だが歴史家でない人にとっては、謎が多くいろいろと推理をすることのほうが楽しいのかもしれない。

聖徳太子（五七四?～六二二年）
六世紀末から七世紀前半にかけての政治家。父は用明《ようめい》天皇。わが国最初の女帝であった推古《すいこ》天皇の摂政として活躍。仏教を興隆し、冠位十二階、憲法十七条、遣隋《けんずい》使派遣、国史の編纂などを行なった。

なぜ、平清盛は、武士ではなれない太政大臣に上り詰めることができたのか?

◆取り沙汰される法皇との関係

鎌倉時代前期の軍記物語で平家の滅亡を語る『平家物語』のなかに出てくる、「平家にあらずんば人にあらず」という言葉は有名だ。当時の平家の栄華をよく物語る言葉である。そんな平家の棟梁・平清盛《たいらのきよもり》は、まだ貴族中心であった社会において、当時の官位のなかで最高の太政《だじょう》大臣になった。清盛がこれほどまでに出世できた理由は、清盛が白河《しらかわ》法皇の落胤《らくいん》だったからではないかとする説がある。

清盛の皇胤説は古く、『平家物語』でもいわれている。それは、白河法皇が平忠《ただ》盛《もり》らを伴い、寵愛《ちょうあい》する祇園女御《ぎおんのにょうご》という女性のもとへ向かっていたある晩のこととして語られる。道の向こうの闇にボンヤリ浮かんで見える何かを、法皇は魔物だと思い忠盛に弓で射させようとした。しかし忠盛がこれを生け捕りにしようとしたところ、僧侶であった。法皇は忠盛の冷静な判断に対し、褒美として寵愛する女御の妹を授けた。このとき、女御の妹は法皇の子を懐妊しており、これが清盛であるというのだ。

『平家物語』の挿話を裏付けるような系図が、滋賀県の神社で発見されている。ただし、『平家物語』では、祇園女御の妹が母親であるとされているが、こちらでは、白河法皇と女御の間に生まれた子どもであると書かれている。

◆異例づくめの清盛の出世

清盛が白河法皇の落胤ではないかと語られるとき、若年の頃からの出世のスピードがそれを裏付けるとされる。清盛は一二歳になったとき元服した。その際、それまでは摂政《せっしょう》や関白家にしか与えられなかった位である従五位下《じゅうごいげ》を武家として授かり、御所に上がることを許された。確かにこれは異例ではあるが、若い頃に清盛よりも迅速な昇進をした者も何人かいるのである。若年時の出世だけでは、法皇の落胤と言い切るのは難しい。

しかし、武士の台頭のきっかけとなった一一五六(保元元)年の保元《ほうげん》の乱のあと、ともに戦った源義朝《みなもとのよしとも》が正《しょう》五位下を授かったのに対して、清盛は正四位下《しょうしいげ》と義朝より上の官位を授かっている。この差には、清盛の「血筋」が関係しているのかもしれない。そしてこのあと清盛は一一五九（平治元）年の平治《へいじ》の乱を経て、正三《しょうさん》位《み》参議、権大納言《ごんのだいなごん》と階段を上り、一一六六（仁安元）年には内大臣の職につく。『平清盛の闘い』の著者・元木泰雄氏によると、院政の時代、大臣は貴族であっても容易につける地位ではなく、皇族と何らかの姻戚関係が必須であった。いかに実力者とはいえ、清盛が白河法皇落胤でもない限り考えられない任官なのだという。

清盛は、一一六七（仁安二）年についに太政大臣となり、政治の実権を握った。

平清盛（一一一八〜一一八一年）
平安末期の武将。保元の乱では後白河天皇方として活躍。平治《へいじ》の乱では、源義朝を破った。一一六七（仁安二）年に太政《だじょう》大臣となる。娘の徳子《とくこ》の子を天皇に擁立。権勢を極めたが、源氏が挙兵するなか病死した。

『史疑徳川家康事跡』に記述される、信じられない徳川家康の正体

◆変転した家康の前半生

通説では、徳川家康《とくがわいえやす》の出自は、父が岡崎城主・松平広忠《まつだいらひろただ》、母は刈谷城主・水野《みずの》忠政《ただまさ》の娘・於大《おだい》の方（伝通院）で、幼名を竹千代《たけちよ》と称していた。父・広忠は駿河の今川義元《いまがわよしもと》の勢力下にあり、織田信秀《おだのぶひで》と対立関係にあった。ところが於大の方の兄・水野信元《のぶもと》が織田氏と結び、於大の方は広忠と離別させられた。竹千代が三歳のときである。竹千代は一九歳まで母に会えなかったという。

竹千代は六歳で織田信秀の、八歳からは義元の人質となる。一五歳で元服すると、元信《もとのぶ》と名乗り、今川氏一族の娘である築山殿《つきやまどの》と結婚。その後、元康《もとやす》と改名、さらに家康と改名した。

歴史物語やテレビの時代物は、この通説に基づいて家康像が描かれている。

◆明治に発表された大胆な新説

一八六七（慶応三）年、一五代将軍・慶喜《よしのぶ》の大政奉還《たいせいほうかん》によって徳川幕府はその二六五年の歴史を終え、時代は明治となった。

徳川幕府が倒れてから三五年後の一九〇二（明治三五）年、静岡の官吏《かんり》であった村岡素一郎氏が『史疑徳川家康事跡』という書物を発刊した。村岡氏はそのなかで、徳川幕府を開いた「徳川家康」は、修行僧出身の者が岡崎城主の松平元康とすり替わった人物だと主張している。

のちに家康となる修行僧の出自について、その父は下野《しもつけ》の加持祈禱《かじきとう》の流浪者、江田松本坊という修験者《しゅげんじゃ》で、母は駿府《すんぷ》のささら者の娘・於大であるというのだ。ささら者とは、町で竹細工の道具のささらなどを売り歩いていた身分の低い人々のことである。

さらに、村岡氏によれば、竹千代は元康の長男・信康《のぶやす》の幼名で、家康の妻とされる築山殿は元康の妻であり、竹千代の母である。

このように「通説」では同一人物とされる竹千代と元康が父と子であることに始まり、のちの家康と関わることになる人物の相関関係は、常識に囚われていると把握するだけでも大変な説なのである。

流浪者とささら者の子がどのように家康になったのだろう。江田松本坊と於大には国松《くにまつ》という子がいた。この子は寺に預けられ、浄慶《じょうけい》と名を改め、のちに願人坊《がんにんぼう》主《ず》になった。願人坊主というのは、冬に裸で町を歩きまわって、家を訪ねて頭から水をかけてもらう修行をする僧のことである。浄慶は世良田《せらだ》二郎三郎元信を名乗り松平元康に接近する。松平元康が家臣に殺害されると、元信は元康になりすまして城主となった。これがのちの家康であるというわけだ。

歴代将軍とは異なる風貌の江戸幕府開祖・徳川家康。

この説は学界では受け入れられず、今日まで「通説」が史実とされている。

しかし、家康の出自については、正史にも不自然な点が多いと指摘されている。たとえば、新田義貞《にったよしさだ》の一族であるとすることなどに疑問が投げかけられている。家康自身、自分の出自について触れたがらなかったという。

また、家康を神格化するために、幼時に関する記録は粉飾が多いとする説もある。

家康の出自について疑問を呈した村岡氏は静岡の官吏であったが、『史疑徳川家康事跡』が発刊される前に罷免された。この『史疑』をまとめるために公務の合間に駿河・遠州などの各地を調査してまわっていたようだ。静岡（駿河）という土地柄で旧幕府関係者がいて、彼らが村岡氏の動きを察知して圧力をかけたのだろうか。

徳川家康（一五四二〜一六一六年）
江戸幕府初代将軍。三河岡崎で生まれる。岡崎城主・松平広《まつだいらひろ》忠《ただ》の長男。一六〇〇（慶長五）年の関ヶ原の合戦で勝利し、全国支配の実権を握る。一六〇三（慶長八）年、徳川初代将軍となる。死後、日光の東照宮に東照大権現として祀られる。

謀反人の血を引く春日局は、なぜ徳川家光の乳母として迎えられたか？

◆謀反人の血筋である乳母

春日局《かすがのつぼね》は、その名をお福という。父・斎藤利三《さいとうとしみつ》は、明智光秀《あけちみつひで》の重臣で、山崎の合戦で光秀とともに秀吉と戦って、敗れ、亡くなっている。お福は一五八二（天正一〇）年、本能寺《ほんのうじ》の変後、母の阿牟《あむ》とともに京都を逃れ、さらに土佐に渡った。長宗我部元親《ちょうそかべもとちか》の正室となっている父の妹を頼ってのことだった。その後、大坂に戻ったお福は、小早川家家臣の稲葉正成《いなばまさなり》と結婚するが、一六〇〇（慶長五）年の関ヶ原の合戦後に離婚する。

世は徳川の時代となり、二代将軍秀忠《ひでただ》の正室・お江与《えよ》の方に家光《いえみつ》が生まれると、お福はその子の乳母《うば》となった。

お福が徳川将軍家の乳母に取り立てられた経緯には、ふたつの説がある。ひとつは、お福が土佐の長宗我部元親のもとにいたときに今井宗薫《いまいそうくん》らと親交をもち、宗薫らによって家康に推薦されたという説。宗薫は家康の工作員といわれていて、関ヶ原の合戦における軍費や武器の調達を行なっていたという。

また、徳川家が、家光の乳母募集という高札を京都市中に掲げていたところ、お福が応募してきて、幸運にも採用されたとも伝えられている。

お福は明智光秀の重臣の血を引いている。そして、家光の生母・お江与の方は、光秀に討たれた織田信長の妹・お市の方の娘である。家光は、謀反人の一族、しかも生母の仇敵《きゅうてき》ともいえる出自をもつ人物を、乳母にもったのである。

◆将軍正室とも渡り合った存在感

乳母になったお福は献身的に家光の世話をしたという。一方、お江与の方は、なぜか家光を嫌い、弟の忠長《ただなが》を溺愛《できあい》した。

反逆者とその主君の一族という、円満な関係を築くのは難しそうなお福とお江与の方は、将軍の継嗣《けいし》問題で争うことになる。お江与の方だけでなく、秀忠も家光より忠長を可愛がったといい、江戸城内には年長だが病弱な家光よりも忠長を次期将軍にとする空気が芽生えはじめる。

このときお福は城を抜け出して、駿河に隠居していた家康のもとへ参じ、家光を次期将軍にするようにと家光の嫡子指名を直訴した。これに対して、家康は「家光を次期将軍にせよ」との裁定を下す。

お福が明智の家臣の血筋でありながら、乳母として徳川家の中枢に入り込んだ時点で、裏の事情を想像させられる。ましてや継嗣問題で将軍正室と対峙し、家康に直訴するといった行動は、単なる乳母としての立場だけでは説明がしきれない。なぜ、お福にこうした振る舞いが許されたのだろうか？

その理由として考えられているのが、家光がお福の子であったとする説である。徳川幕府の正史『徳川実紀《とくがわじっき》』で秀忠の正室お江与の方の子と記録される家光は、臼《うす》杵《き》藩稲葉家に伝わる『御家系典』や江戸城紅葉文庫の『松のさかへ』という文書では、春日局すなわちお福の子と記されているのである。

家光の母親がお福であるならば、父親は誰なのだろうか。まず、考えられるのは、秀忠が父親であるとする説である。ところが、もうひとつ大物が登場する説がある。父親が将軍秀忠でないとしたら、時期将軍の子の父親として考えられるのは、初代将軍家康である。

お福が離婚して京にいたころに家康も京に滞在しており、お福の土佐時代の人脈を通じて出会っていても不思議はない。家光は、壮麗な日光東照宮を造営するほどに家康を尊敬していた。三代将軍のじつの父と母が家康とお福であれば、正史で両親とされる秀忠とお江与の方の忠長びいき、家光の家康に対する崇拝、そして、明智一族の乳母・お福の絶大な権力などに説明がつくというものだが、いかがだろう。

春日局（一五七九〜一六四三年）
名はお福《ふく》。父は明智《あけち》光秀《みつひで》の重臣斎藤利三《としみつ》。稲葉正成のもとに嫁ぐが離婚。その後、徳川家光《いえみつ》の乳母となる。乳母でありながら絶大な力を発揮し、家光の世嗣《せいし》決定に影響力を示した。大奥の内律を制定し統率した。

わずか一〇カ月で忽然と消えた東洲斎写楽とは、いったい何者だったのか？

◆謎の絵師は侍か？

浮世絵師、東洲斎写楽《とうしゅうさいしゃらく》が活動したのは、一七九四（寛政六）年から翌九五（寛政七）年にかけての正味一〇カ月である。その間にじつに約一四〇点もの作品を残している。つまり、二日に一点という速いペースで作品を制作していたということだ。しかも、一四〇点以上という数の作品を残しておきながら、突然姿を消してその後の消息は一切わからない。これは不自然きわまりない。

「写楽とは何者か？」という疑問は、日本の歴史のなかでも最も注目を集めている謎のひとつであり、様々な推理が展開されてきた。能役者の斎藤十郎兵衛《さいとうじゅうろうべえ》、絵師では葛飾北斎《かつしかほくさい》、喜多川歌麿《きたがわうたまろ》、円山応挙《まるやまおうきょ》など、その他にも版元の蔦屋重三郎《つたやじゅうざぶろう》説や複数の人物による合作説など、ちょっとした表がつくれるほどの説がある。

最も自然なのが、能役者・斎藤十郎兵衛説である。江戸時代の史料『増補浮世絵類考』に、「写楽は阿波の能役者・斎藤十郎兵衛である」と書かれているのである。

この人物は幕府の能役者として記録があり、実在の武士であったことが確認されている。写楽の絵は、すべて蔦屋重三郎が版元である。十郎兵衛はこの蔦屋が発行した歌本を監修しており、版元とのつながりも判明している。十郎兵衛の名前がほとんど出てこない理由についても、当時、武士が役者の絵を描くのは卑しいとされていたため、別人になりすます必要があったという説明がつく。

◆北斎？　歌麿？　写楽の別人説

写楽＝十郎兵衛説に、問題はなさそうに見える。しかし、十郎兵衛が描いたとされる作品が確認されていない。国際的にも高く評価される版画を生み出す絵師である、もともと高い絵の技術を持っていた人物のはずだ。ところがこの武士の絵の腕前を推し量る史料が出てきていないのだ。

そこで、実際に高水準の絵を描いていたことがわかっている人物として、写楽候補に挙げられる人物のひとりが葛飾北斎だ。

写楽が役者絵を描いたのに対し、北斎は美人画など絵のジャンルが異なるため、一般的に両者は画風が異なるとみなされている。しかし、美術史家の田中英道氏によると、写楽と青年期の北斎の画風には共通性がある。「線の質」など細部を検証すると、別人のものとは思えないほど似通っているという。

北斎はじつに多くの雅号を持っていたことがわかっている。ところが、写楽が活動した時期［一七九四（寛政六）年から翌九五（寛政七）年］の一年間は、彼の雅《が》号《ごう》とされるいずれの名前も記録に残っていない。しかも、北斎が毎年四、五種類描いてきた黄表紙類が、なぜか一七九四（寛政六）年にはないという。画狂人という雅号を持つほど絵を描くことを好んだ絵師の経歴に、作品がほとんど残っていない謎の空白の一年がある。そしてその年は、写楽が駆け抜けるように活動した年なのである。北斎が写楽という雅号で活動していたとすると、その空白が埋まることになる。

絵の技量が写楽と遜色《そんしょく》のない同時代人として喜多川歌麿も、写楽として疑われている。歌麿と版元の蔦屋のつながりは深い。美人画で定着した歌麿が新しい役者絵というジャンルに名前を変えて挑戦したものの、不人気を理由に短期間で撤退したなどと推理されている。

写楽は、短期間の活動のなかで作風を何度か変えている。そのため、写楽＝複数の人物説も唱えられている。そのほかにも、戯作者《げさくしゃ》の山東京伝《さんとうきょうでん》説、十返舎一九《じっぺんしゃいっく》説、絵師の司馬江漢《しばこうかん》説など二〇人近くの人物の名前が挙がっている。美術の専門家、歴史家をはじめ、多くの人が写楽の正体をめぐって様々な説を展開してきた。しかし、いずれも論争に終止符を打つまでには至っていない。

東洲斎写楽　（生没年不詳）
江戸時代の浮世絵師。詳しい出自は不明。一七九四（寛政六）年から翌九五（寛政七）年のわずか一〇月の間に約一四〇点の役者絵や相撲絵を残す。しかし、その後浮世絵界から忽然《こつぜん》と姿を消してしまった。

歌舞伎の祖である出雲阿国は、ふたりいた!?

◆歌舞伎の祖は男装の巫女

出雲阿国《いずものおくに》は、京都で阿国歌舞伎《かぶき》を始めた、歌舞伎の始祖であるとされる。

しかし、阿国の出自については諸説がある。出雲大社の宮司《ぐうじ》家に伝わる『出雲阿国伝』では、父親が出雲大社にゆかりの鍛冶《かじ》屋の中村三右衛門で、阿国は出雲大社の巫女《みこ》であったと伝えられている。地方から京都に来た歩き巫女、またはその集団の呼び名とする説も存在する。また、出雲とはまったく関係がなく、自ら出雲大社の巫女であると名乗ったにすぎないという意見の研究者も多い。

一五五九（永禄二）年には、阿国は足利一三代将軍・義輝《よしてる》の御前で踊ったという。徳川の世となった頃、阿国は男装して踊るようになる。これが「阿国歌舞伎」と呼ばれ、京で評判となる。このあとの数年が、阿国の絶頂期だったようだ。

阿国の一座が評判になると、やがて阿国歌舞伎をまねて遊女や若衆の歌舞伎も興行されるようになるが、阿国たちは、工夫をこらした舞台でさらに人気を集めたという。しかし、幕府は風紀取締を強めるようになり、阿国の公の記録も減っていく。

◆長期にわたる活動の記録

阿国の人物像を、諸説をつなぎあわせて描き出そうとすると、足利義輝の時代から徳川の治世まで約五〇年という、非常に長い年月にわたって活動をしていたことになる。初めての舞の記録である一五五九（永禄二）年のとき、まだ阿国が幼女であったとしても、北野天満宮で演じたと記録される一六〇三（慶長八）年には五〇歳に近かったことになる。当時としては高齢といっていいだろう。

こうしたことから、室町時代の阿国と、江戸時代の阿国は別人であるとする説がある。初代の母親と二代目の娘、ふたりの阿国がいたというのである。

慶長年間の阿国の容姿については「美貌であった」とする記録と、「美貌ではなかった」とする文献とがある。阿国がふたりであったなら、慶長年間に活躍した娘の阿国が若々しく、容姿も輝いていて不思議はない。阿国がひとりの人物であれば、慶長年間にはすでに高齢で、容色が衰えていたことに納得がいく。

晩年の阿国について『出雲阿国伝』は、出雲に帰って出家し八七歳で亡くなったとし、『慶長時記』は一六〇七（慶長一二）年に駿府で亡くなったとある。さらに、京都で人知れず孤独のうちに亡くなったという説、『出雲大社御国寺縁起』には七五歳で亡くなったと記されている。いずれの説も史実とされるまでには至っていない。阿国の墓と呼ばれるものは二カ所、出雲杵築《きづき》と京都の紫野大徳寺《むらさきのだいとくじ》にそれぞれ残っている。複数の記録のなかには没年がないものもある。これら晩年の記録からも阿国がひとりだったのか、ふたりいたのかを特定することは難しい。

出雲阿国　（生没年不詳）
安土桃山～江戸初期の女性芸能者で、歌舞伎《かぶき》の始祖。出自や経歴については確かな史料がなく不明であるが、出雲大社の巫女《みこ》を称していた。出雲大社の修繕勧進《かんじん》のため各地を巡業中に、阿国歌舞伎を考案したとされている。

なぜ西郷隆盛は、天皇の要望を拒んでまで肖像画を一枚も残さなかったのか？

◆似ていないとされる銅像と実像

東京・上野公園にある犬を連れた西郷隆盛《さいごうたかもり》の銅像はあまりにも有名だ。この銅像は、西郷の死後完成した。西郷の未亡人・糸子《いとこ》は銅像を見て、西郷本人にまったく似ていない別人のようだと言ったという。

銅像を制作したのは、彫刻家の高村光雲《たかむらこううん》だ。光雲は像をつくるとき西郷の肖像画をもとにしたという。

一般に西郷の肖像画として知られているのは、一八八三（明治一六）年にイタリア人の銅版画家・キヨソネが描いたものである。キヨソネが西郷の肖像画を描いたとき、西郷はすでに他界しており、モデルにしたのは、弟の従道《つぐみち》といとこの大山《おおやま》巖《いわお》であった。

生前、西郷は肖像画を残さなかった。肖像画ばかりでなく、その容姿がわかる写真も一枚もない。この時代、初めて写真を撮ったという坂本龍馬《さかもとりょうま》をはじめとする「幕末の志士」や一五代将軍・徳川慶喜《とくがわよしのぶ》などの写真が残されている。維新の三傑のひとりとされる西郷であれば、写真くらいどこかに残っていても不思議はないが、いまだに発見されていないのである。

あるとき明治天皇が西郷に自らの「御真影《ごしんえい》」を賜って、代わりに西郷の写真を所望したが、彼はこれを固辞している。天皇の要望を断ったのである。

また、西郷の君主・島津斉彬《しまづなりあきら》は西洋の文物を好み、そのなかで、自らもシャッターを押すほど写真好きであったというが、なぜか西郷を写した写真は残されていない。

ここまで徹底していると、単なる写真嫌いといった性格的な問題ではなく、写真を撮らせなかったり、肖像画のモデルにならないなにか理由があったとしか思えない。その理由は何か?

◆身に付いていた顔を知られることを避ける習慣

西郷が写真に撮られることを避けた理由は、その経歴から浮かび上がってくる。

西郷は、地元・薩摩で郡方書役助《こおりかたかきやくすけ》の仕事をしていたとき、島津斉彬に指名され江戸へ随行する。郡方書役助というのは、今の言葉でいえば税務署の書記見習いといったところだ。

江戸で待っていたのは、「お庭方」という職である。情報収集や分析、工作を任務とし、他藩の動向を探って報告していた。父・吉兵衛《きちべい》は薩摩藩の家臣である赤山家の「御用達《ごようたつ》」をしていたという。この御用達も情報収集を行なう職であったようだ。

つまり、西郷家は元来、諜報要員だったのである。

親族の顔を合成し描かれた西郷隆盛の肖像画。（写真提供：国立国会図書館）

西郷が諜報要員だったとしたら、彼は容易に人前に出られなかったはずだ。その顔が人に知れてしまっては、情報の収集活動に支障が出る。だから西郷は写真や肖像画を残さない習慣が身に付いたのである。また情報管理のひとつとしても、自分の顔を知られすぎないほうが得策であると考えたのではないだろうか。

西郷は征韓論《せいかんろん》を唱えたが退けられて下野した。そして、一八七七(明治一〇)年、鹿児島の士族が西郷を担いで起こした西南戦争で敗れ、自刃《じじん》したとされている。ところが戦争後、「首が見つからない」「西郷は生き延びた」などの噂が広まった。顔が世間に知られていなかったことからこのような風評が出てきたのだろう。

西郷隆盛 (一八二七~一八七七年)
幕末から明治初期にかけての政治家。勝海舟《かつかいしゅう》との会見を機に、尊攘《そんじょう》運動に傾き、薩長連合、戊辰《ぼしん》戦争を指導。参議となったが、征韓論に敗れて下野。一八七七(明治一〇)年、西南戦争を起こし敗れ自刃した。

天武天皇は本当に天智天皇の弟だったのか？ 史実と合わないふたりの年齢

◆史料で異なる二天皇の年齢差

天武《てんむ》天皇は、天智《てんじ》天皇と同じ両親から生まれた弟だとされる。この天智と天武の関係は、『日本書紀』が天武を天智の弟として記述していることに基づいている。しかし、『日本書紀』には、天智の年齢は記されているが、天武の年齢に関する記述は見当たらないことなどから、この兄弟関係には異説がある。

ふたりの父親である舒明《じょめい》天皇が亡くなった六四一（舒明一三）年、のちの天智天皇である葛城《かつらぎ》皇子は一六歳だったと年齢が記されているが、のちに天武天皇となる大海人《おおあまの》皇子の年齢は示されていない。

年齢は明らかにされていなくても、天武が天智の弟であることは『日本書紀』のみを見ている場合には問題はない。ところが、中世など後代の書に目を移すと、天智と天武の兄弟関係が、『日本書紀』の記述と矛盾してくる。

『日本書紀』に見当たらなかった天武天皇の年齢が、明記されている文献がある。鎌倉期の歴史書『一代要記《いちだいようき》』や、南北朝期に編纂された天皇の系図を記す『本朝《ほんちょう》皇胤紹運録《こういんじょううんろく》』では、天武天皇が亡くなったのは六五歳のときだったとしている。

天武崩御《ほうぎょ》の年である六八六（天武一五）年から逆算すると、天武は舒明崩御のときに二〇歳だったことになる。当時一六歳だった兄・天智より四歳年上になってしまう。この矛盾に対し、古今の歴史家たちは様々な解釈で説明を試みてきた。

まず、中世の文献に示される天武天皇の年齢が、誤りだとする説。天武が、亡くなったとき六五歳だったという記録は、五六歳の誤りだというのだ。これは近年の歴史家が唱えている説である。この場合、天武は天智より五歳年下となる。

また、天智天皇の年齢が誤りだったとする説もある。中世の歴史家たちも、既にこの年齢の矛盾に気づいていたようだ。

『日本書紀』では、天智天皇が六七一（天智一〇）年に崩御したときの年齢を四六歳としているが、『本朝皇胤紹運録』では五八歳と記している。この年齢の修正は、『日本書紀』の天智一六歳の年を、父・舒明が没した年ではなく天智が即位した年の年齢だったと解釈した場合の年齢である。また『一代要記』では、天智は崩御したとき五三歳だったとしている。

ここまでの、中世の文献にある天武の没した年齢が書き間違いであるとする説も、天智の年齢の記述が誤りだったとする説も、天智が兄であり天武が弟である関係を踏まえた説である。だが、兄弟の関係から考え直してみるべきだとする説もある。兄だったのは天武天皇で、天智天皇は弟だったのではないかと考える説である。

◆兄弟が逆転することの意味

天武が天智の弟であるとされるのは、『日本書紀』に「大皇弟」と記されているからだ。しかし、考古学者の斎藤忠氏によると、天武は天智が天皇に即位する以前から「皇弟」と記され、天智が天皇に即位すると「大皇弟」や「太皇弟」と記されている。大皇・太皇が太上皇のことだとすれば、天智は引退した天皇ということになってしまい矛盾するという。

天武が兄だったのではないかとする説で登場するのが、漢皇子《あやのみこ》だ。漢皇子は、斉明《さいめい》天皇が舒明天皇と結婚する前の夫、高向王《たかむこのおおきみ》との子どもである。天武は、天智と母が同じで父親が異なるこの年上の皇子だったとする可能性が、しばしば指摘される。天武が漢皇子であれば、父親が天皇ではないのだから、天智より年齢が上でも天皇即位があとになることに不思議はない。しかし、父親の血筋が天皇でないために、『日本書紀』は漢皇子とは別の人物として天武天皇を記したのかもしれないというのである。

なぜ天武の年齢は、『日本書紀』と中世の歴史書とで矛盾してしまったのか。そこには、正史には隠しておきたい何かがあったのだろうか？

天武天皇　（生年不詳～六八六年）
舒明《じょめい》天皇の子。壬申《じんしん》の乱で、天智天皇の子大友《おおとも》皇子と戦って勝利し、飛鳥浄御原《あすかきよみはら》宮で即位。皇族を重用して皇親政治を推進し、豪族の新しい身分秩序を定めた「八色《やくさ》の姓《かばね》」を制定。国史の編纂も行なった。

藤原鎌足の次男、藤原不比等じつは天智天皇の子どもだった!?

◆意外にも歴史にその名が登場するのは三〇歳を過ぎてから

藤原不比等《ふじわらのふひと》は、藤原鎌足《かまたり》の次男である。父・鎌足は、中大兄《なかのおおえ》皇子とともに「大化の改新」を推進し、改新政府では内臣《うちつおみ》を務めた。彼が臨終のときに、藤原の姓と大織冠《たいしょっかん》を天智《てんじ》天皇から賜った。

不比等には、貞慧《じょうけい》という兄がいたが二三歳で没している。兄の死後、不比等が鎌足の後継者となるのだが、彼が史実に登場するのは、六八九（持統三）年に判事になった、三一歳のときだ。

その後、持統《じとう》天皇に重用され、目覚ましい出世を遂げる。この出世の背景には不比等が鎌足の子で後継者ということと、彼が法律の知識に長けていたことがある。

事実、七〇一（大宝元）年に施行された『大宝律令《たいほうりつりょう》』編纂を刑部《おさかべ》親王らとともに主導し、のちの『養老律令《ようろうりつりょう》』の編纂にもかかわっていた。こちらの『養老律令』は不比等の私的な事業とする説があるほどだ。

不比等は、大宝律令の編纂の功績によって、官位・正三位《しょうさんみ》を叙され、禄を賜り、その後、大納言を経て右大臣にまで昇進する。当時その上の位の左大臣には石上《いそのかみの》麻呂《まろ》という人物がいたというが、不比等が実質上の最高権力者であった。

◆なぜ不比等は政界トップまで出世できたのか?

不比等の立身は持統天皇に用いられたことがきっかけである。天皇が不比等に目をかけたのは前述のように、鎌足の後継者であるということと、彼が法律の知識に長けていたということのほかに、その出自が関係しているのではないかといわれている。不比等は天智天皇の落胤《らくいん》だったのではないかというのである。

藤原氏の全盛期が描かれた『大鏡《おおかがみ》』に鎌足の出生にまつわる記述がある。天智天皇が不比等の父・鎌足に、懐妊中の天皇の寵姫《ちょうき》に子どもが生まれて、女子なら天皇の子に、男子なら鎌足の子にするという約束をした。そして、生まれた子が男子だったため鎌足の子となったというのだ。

不比等の幼少時代は、室町時代初期に完成した系図集である『尊卑分脈《そんぴぶんみゃく》』によると、山科の田辺史大隅《たなべのふひとおおすみ》の家にかくまわれていたとされている。なぜかくまわれていたのかということは、はっきりと書かれてはいない。しかし、彼が天智天皇の落胤であるということを世間に秘匿《ひとく》するためであったと考えられるのである。

世間にその姿を現した不比等は、前述のように出世の道をひた走っていく。

不比等の権力は、平城京遷都という一大事業にも表れている。彼はこの遷都を実質的に主導しており、また平城京の設計は不比等の意向によるところが強いという。

その後、不比等は、娘・宮子《みやこ》を文武《もんむ》天皇に、光明子《こうみょうし》を首皇子《おびとのみこ》（のちの聖武《しょうむ》天皇）に嫁がせ、外戚関係を結ぶことによって自身の立場を確かなものにした。彼のこのような手段はのちの「摂関政治」の先駆けとなった。

藤原不比等（六五九〜七二〇年）
奈良時代の公卿《くぎょう》。中臣《なかとみの》（藤原）鎌足《かまたり》の子。持統天皇に重用され大納言《だいなごん》、右大臣を歴任。大宝律令《たいほうりつりょう》・養老律令の編纂の中心となった。平城京遷都に尽力。四人の息子は中央政府で活躍し、娘の多くは天皇家に嫁した。

なぜ、石川五右衛門は、斬首ではなく、最も残酷な釜茹での刑にされたのか？

◆石川五右衛門は実在した人物か？

義賊といわれ、江戸時代の歌舞伎や浄瑠璃《じょうるり》などで演じられていた石川五右衛門《いしかわごえもん》。その最期は京都三条河原で釜茹《ゆ》での刑に処された話はあまりにも有名で、歌舞伎や浄瑠璃で五右衛門を題材とするときに欠かせない場面となっている。

五右衛門が存在したとされているのは、豊臣秀吉《とよとみひでよし》の時代である。当時長崎に滞在していた、スペインの貿易商アビラ・ヒロンは、日本での自らの見聞や体験を書いた『日本王国記』のなかで「油で煮られたのは五右衛門と、その家族九人か一〇人であった……」と記している。京都で処刑された五右衛門の噂が、長崎にいたヒロンのもとに伝わったのである。

山科言経《やましなときつね》という公卿《くぎょう》の日記には、「盗人、スリ一〇人、子一人が釜で煮られた……」とか「三条橋の南の河で成敗された……」という記述がある。ただし、ここでいう盗人が五右衛門かどうか定かではない。

また、林羅山《はやしらざん》が編纂した『豊臣秀吉譜』には、「石川五右衛門という盗賊が強盗を働いたので、捕まえて三条河原で煎り殺された」とある。

これらの、史料を総合すると、五右衛門は、豊臣秀吉の時代に実在した人物であり、家族ともども処刑されたことは事実であると断定していいようだ。

◆五右衛門の本当の正体は？

五右衛門について記している史料は前の三点程度しか残っておらず、それ以上詳細な容姿などについてははっきりしたことはわかっていない。『日本王国記』には、昼間は商人として真面目に働いて、夜になると日中物色しておいた家に押し入って盗みを働いていたと記されている。義賊のイメージは、後年につくられたもののようだ。

五右衛門が盗賊であったとして、家族ともども皆殺しの刑に処せられたと聞くと、少々刑が重すぎるように感じないだろうか。

じつは、五右衛門には商人、盗賊、そしてもうひとつの顔があったという。

それは「暗殺者」の顔である。このことは五右衛門が処刑されたのちに、その釜茹でというあまりにも残酷な刑であったため、巷に「秀吉の命を狙って捕まった」という噂として広まった。

江戸時代の後期に書かれた『丹後旧事記』は、秀吉の命を受けた細川幽斎《ほそかわゆうさい》によって落城した伊久地城の城主が石川左衛門秀門《さえもんひでかど》といい、その次男が五良左衛門《ごろうざえもん》という名だった。この次男が名を変えて京都に現れたのが石川五右衛門だとしている。

五右衛門は父・左衛門秀門の仇を討つために、商人になりすまして真面目に働き、その時を狙っていた。そして、秀吉の命を奪おうとして、失敗したか、事前にその計画が露見してしまったというのである。釜茹でというひときわ残酷な極刑に処せられたのも、真の罪状が天下人の暗殺未遂であれば納得がいく。

石川五右衛門（生年不詳～一五九四年）
安土桃山期の盗賊の頭目。出身地は、河内《かわち》・丹後・伊賀など諸説ある。義賊説は江戸時代の粉飾で、凶悪な窃盗だった。一五九四（文禄三）年に捕えられ、京都の三条河原で極刑に処された。

数々の伝説を持つ小野小町 日本史上に輝く美女の真の姿とは？

◆女流歌人のきらびやかな足跡

小野小町《おののこまち》というと、誰もが思い描くのは絶世の美人であるということだ。小町という言葉は、小野小町が美人であったということから美しい娘の代名詞となっている。小町の経歴については謎が多く、いつ生まれ、どこで何歳で亡くなったのかほとんどわかっていない。出羽の郡司・小野良真《よしざね》の娘とか、詩・文に優れた小野篁《たかむら》の孫であったともいわれている。

小町に関することで史料として残っているのは、小町が平安時代の前期に活躍した女流歌人で、優れた和歌を詠み、六歌仙《ろっかせん》に在原業平《ありわらのなりひら》らとともに選ばれたり、彼女の歌が一八首『古今《こきん》和歌集』に収録されているということなどである。日本で最初の勅撰《ちょくせん》和歌集である。この和歌集のなかで、小町が歌を交わした人々は、宮廷と断定できる。

貴族の男性たちであった。このことから、小町が宮廷にいた身分の高い女性だった

◆小野小町の実像とは?

具体的な小町像はどこまでわかっているのだろう。小町の歌が載っている『古今和歌集』が世に出た年代から、彼女が活躍していた時代は九世紀半ばであったと推測できる。その頃、天皇家に仕えていた女性に、小野吉子《きちこ》という女性がいる。この吉子こそが小野小町ではないかという説がある。

『続《しょく》日本後紀』に、八四二(承和九)年に小野吉子は、「正六位上《しょうろくいじょう》」に任じられたとの記述がある。「正六位上」というのは更衣《こうい》にあたる位という。更衣とは、天皇の寝室に奉仕した女官のことである。また、小町の「町」は、更衣につけられる名前であるというのだ。

当時の天皇は、仁明《にんみょう》天皇であったことから、小野小町=小野吉子は仁明天皇の更衣であったらしい。仁明天皇が亡くなったあと、小町の歌は男性からの誘いを断るものが多かった。このことは、彼女が仁明天皇への思いが断ち切れなかったこと

を示しているとも解釈されている。

また、井沢元彦氏は著書『逆説の日本史』のなかで、一〇世紀の勅撰和歌集に「小町が孫」という女性の歌がある。小町が吉子であるならば、「孫」の親は「天皇の子」だ。しかし、系図には天皇と吉子の子は見られない。したがってこの「孫」は吉子の孫ではなく、吉子は小町ではないと論じている。そして小町は仁明天皇の義理の孫であった惟喬《これたか》親王の乳母《うば》であったのではないかという。失脚した親王が小野の里で余生を送ったことなどその根拠として推論している。

晩年の小町は、『玉造《たまつくり》小町《こまち》壮衰書《そうすいしょ》』によると、食べることにも事欠き、物乞いをしていたという。ほかにも小町の説話には零落した晩年を語ったものが多い。それらは日本人が美女に対して持っている、高慢で冷淡であるという否定的な意識を示しているのではないかともいわれている。

小野小町（生没年不詳）
平安時代前期の歌人。六歌仙《ろっかせん》のひとり。女流歌人の先駆で情熱的な恋歌が多い。美貌の歌人であったといい、様々な説話や伝説がある。『卒都婆小町』では、仏道に入る貧しい老女となった小町が描かれる。

三代の将軍に仕えた徳川家康の「懐刀」、天海の正体は、明智光秀だった!?

◆天海とはどんな人物であったのか？

天海《てんかい》は、会津の生まれとされる。一一歳で出家して、一四歳で比叡山《ひえいざん》に登った。一五七一（元亀二）年、織田信長が敵対する浅井・朝倉氏と結んだ延暦寺《えんりゃくじ》を焼き討ちすると、天海は比叡山から武田信玄のもとに逃れた。

その後、常院不動院などを経て下野宗光寺《しもつけそうこうじ》に入っていたところ、徳川家康が評判を聞き、駿河に招くことになる。家康には、「懐刀《ふところがたな》」と呼ばれるほど重用《ちょうよう》された。家康が一六一六（元和二）年に亡くなったとき、その神号をめぐって問題が起きた。

家康の側近であった臨済宗《りんざいしゅう》の禅僧、以心崇伝《いしんすうでん》は吉田神道に則って「大明神」として祀ることを主張した。これに対して、天海は異を唱え、「権現《ごんげん》」として祀るよう求めた。

家康の跡を継いだ二代将軍・秀忠《ひでただ》は「どうして大明神ではなく、権現として祀ろうと考えるのか？」と天海に尋ねた。すると、天海は「豊国《とよくに》大明神をご覧くださ
い」と答えたという。豊国大明神とは、豊臣秀吉の神号である。秀吉を祀る豊国《とよくに》神社はその前年に破却《はきゃく》されていたのだった。この天海のひとことで家康の神号は「権現」にすることに決まった。

その後、天海は、秀忠、家光《いえみつ》の信任を受け、将軍の最高顧問として君臨したという。

◆天海＝明智光秀という説がある

では、なぜ天海がこれほどまでに時の将軍の信任を受けることができたのだろうか？

天海自身は自分の出自についてはあまり語らなかったという。そのために出自に関する様々な異説が存在する。

そのひとつが、一五八二（天正一〇）年、本能寺の変で織田信長を倒して、その後の山崎の合戦で豊臣秀吉に敗れ死んだとされている明智光秀《あけちみつひで》が生きながらえて天

海になったとする説である。

天海が光秀である根拠として、光秀の木像と位牌のある京都・慈眼寺《じげんじ》の寺号《じごう》と、天海の諡号《しごう》である「慈眼大師《じげんだいし》」が同じ「慈眼」であることが挙げられる。

徳川家光の乳母《うば》である春日局《かすがのつぼね》の父は明智光秀の重臣・斎藤利三《さいとうとしみつ》である。光秀は生きのびて、重臣の娘である春日局を徳川家に送り込み、家康の子を産ませた。それが家光であり、春日局は家光の乳母ではなく母であるという説がある。

春日局は乳母にもかかわらず絶大な権力を持ち、後継問題にも口を出して家光を三代将軍とする決定的な役割を果たしている。また、明智家の関係者を幕府に送り込んでいた。

もし天海が光秀だったとしたら、本能寺の変で天下をとれなかった光秀は、天海となって実質的に天下をとったということになるのだろうか。

天海　（一五三六〜一六四三年）
戦国期から江戸初期にかけての天台宗の僧。比叡山・園城寺などで修学。通称は南光坊天海。徳川幕府の政務にも参画、家康・秀忠・家光の三代の将軍に仕えた。家康を「東照大権現」の神号で祀ることを主張した。

淀殿は、一七人もいる秀吉の妻妾のなかで、なぜひとりだけ懐妊できたのか？

江戸一の蘭学医・杉田玄白、じつは『解体新書』の翻訳は人任せ

◆オランダ医学解剖書との出会い

西洋の解剖書を漢訳した『解体新書《かいたいしんしょ》』は、わが国初の本格的翻訳書である。医学に新しい光をあてたこの業績が評判を呼び、翻訳者・杉田玄白《すぎたげんぱく》は一躍、江戸いや日本中で最も有名な蘭方医になったといっていい。しかし、玄白は元来漢方医で、解剖はおろか外科手術経験もなく、オランダ語などまったく読めなかった。その玄白がいかにして『解体新書』刊行を成し遂げたのだろうか。

生家が、小浜藩の藩医だったため、医学も含めて幼少の頃から学問を十分に受けられたという恵まれた環境にあった。オランダ医学への興味が強かったらしく、仲間とともにオランダ商館長一行が江戸を訪れると、宿舎を訪ねて実際の治療を見学したり原書を借りたりしていた。といってもオランダ語は読めないから、図版を書

写したりする程度だった。

父の跡を継いで藩医となってから手にしたのが、人体解剖図の載った『ターヘル・アナトミア』だった。玄白は、漢方中心の日本医学とは異なる外科のこの書に大きな興味を持つ。しかし、あまりの高額に自費では買えず、藩の家老に頼み込んで藩費でまかなってもらった。この情熱が、玄白の将来を決定づけることになる。

一七七一（明和八）年春のことだった。

たまたま同じ頃、小塚原刑場で罪人の遺体の解剖が行なわれるという情報を得た玄白は、交友のあった前野良沢《まえのりょうたく》を誘い、『ターヘル・アナトミア』を手に駆けつける。オランダ語の読めない玄白は、解剖で内臓が取り出されるたびに、掲載の解剖図のオランダ語を良沢に訳してもらい、一つひとつその正確さを確かめていった。

◆解剖書翻訳の本当の主役

この解剖見学で、蘭学の解剖図の正しさを知った玄白は、なんとしてもこれを世に広めたいと願った。しかし自分はオランダ語ができないのだから、良沢の力を頼るしかない。

この日から、良沢の悪戦苦闘が始まる。オランダ語を学んでいたとはいえ、本格的なものではなく、ましてや相手は医学の専門書である。単語ひとつの意味を知るのに、類書を何冊も読み比べて意味を確かめるという作業が続いたという。

こうして一七七四（安永三）年、『解体新書』全五巻が刊行された。訳者として杉田玄白の名が掲載されていたが、前野良沢の名はどこにもない。この書を訳したのはほぼ良沢ひとりであり、玄白は基本的には良沢が必要な類書の調達に走り回ったり、わからない単語をオランダ人に教えを乞う手はずを整えたり、版元との交渉をしたりという渉外・営業担当でしかなく、翻訳の実作業は良沢が行なったにもかかわらず……である。

蘭学者・杉田玄白は、85歳という長寿を保った。

この刊行により玄白は名を上げることになったのだから、彼は栄誉を独り占めしたかったのだと疑いたくなる。しかし実際の理由は、良沢のほうが翻訳者として名を出すことを固く断ったからなのである。

良沢は自分のオランダ語の知識の乏しさを、よく知っていた。だからこそ完成した翻訳本が不完全なもので、刊行は時期尚早と玄白を説得した。しかし、たとえ未熟な翻訳でも、少しでも早くこの解剖学の知識を日本に広めたいという玄白の情熱に負けて、刊行は承諾したものの、自分の名前を出すことを固辞したのだった。

晩年に玄白が、この翻訳の頃の状況を『蘭学事始《らんがくことはじめ》』に著《あらわ》して初めて、前野良沢の協力があったことを人々は知ることになったが、当時の良沢は中津《なかつ》藩医としての日常生活を送って、地味な生涯を過ごしている。ただ、未熟なオランダ語の翻訳を恥じるかのように、語学の勉強だけは続けていたという。

杉田玄白（一七三三〜一八一七年）
江戸時代中期の蘭方医。刑場で解剖を見学した折、蘭書『ターヘル・アナトミア』掲載の図のあまりの正確さに驚き、『解体新書』として翻訳、刊行。その後は、蘭方医・蘭学者として診療と後進の指導にあたった。

淀殿は、一七人もいる秀吉の妻妾のなかで、なぜひとりだけ懐妊できたのか?

◆二度の落城経験を超えて秀吉の愛妾に

豊臣秀吉には、織田信長の下級家臣だった時代に結婚した正妻・北政所《きたのまんどころ》がいた。しかし彼女に子どもが生まれなかったこともあって、生涯に多くの愛妾《あいしょう》を持っている。秀吉との間に子どもをもうけ、淀殿《よどどの》と呼ばれていた茶々《ちゃちゃ》を除いても、ほかに一五人もの側室がいたといわれている。

そんな大人数の妻妾《さいしょう》にひとりもできなかった跡継ぎが、五〇歳を過ぎてようやく、織田信長の姪・茶々との間に生まれたのだから、秀吉の喜びは並大抵のものではなかった。

秀吉は、若いときから茶々の母である信長の妹・お市の方に恋い焦がれていたという。お市の方の夫・浅井長政が信長に攻められ小谷《おだに》城が落城するとき、お市の方母娘を救い出したのはそのためだった。お市の方は柴田勝家に再嫁するが、柴田も秀吉に攻め落とされる。秀吉は、今度はお市の方は救えなかったものの、娘たちは救出した。恋した女性の娘であり、かつての主君・信長の血筋は秀吉の覇権にも役立つものだったから、秀吉が茶々を手元に引き取ったのは当然のことだろう。

茶々にとって秀吉は実父を討った仇敵《きゅうてき》である。しかし、茶々はのちに秀吉の側室となり妊娠。一五八九（天正一七）年の春、茶々は淀城に移住し、五月に男児を出産する。このとき出産した男児が秀吉の第一子・鶴松《つるまつ》である。ところが、この鶴松君が病弱で三歳で世を去った。子どもが生まれた喜びが大きかっただけに秀吉の落胆は大きく、その喪失感を埋めるかのように朝鮮出兵にのめり込んでいった。

◆淀殿が密通によって出産したという伝説

淀殿が父母の仇敵の側室となり子どもまで生んだことは、戦国時代の女性にとってそう違和感を抱くものではなかったようで、彼女はその後も秀吉の寵愛を素直に受け入れている。朝鮮出兵で肥前名護屋《ひぜんなごや》に赴く秀吉に同行し、陣屋で起居《ききょ》を共にしており、仲睦まじかったようだ。

その名護屋から大坂に戻っていた淀殿が再び懐妊したことが判明し、生まれたのが男児だとわかると、秀吉は早々に名護屋を引き揚げている。このときの子がのちの秀頼《ひでより》で、再び得た後継者を秀吉は溺愛した。

ただ喜びに浸っている秀吉をよそに、ひそかに世継ぎに関する噂が流れていたという。秀頼は秀吉の実子ではないというのである。秀吉が高齢であることに加えて、ほかの妻妾が一度も身ごもったことがないから彼には子種がないに違いなく、淀殿だけがふたりも子どもをもうけることができたのは、ひそかに姦通《かんつう》していた相手がいたからだというのである。

近年になって、淀殿が名護屋にいた期間、秀頼《ひでより》出生の時期、妊娠期間などから、淀殿が秀吉の子を身ごもることができたかどうかの検証が行なわれているが、諸説あって姦通が事実かどうかは微妙なところである。

その姦通相手として挙げられるのが、石田三成《いしだみつなり》、大野治長《おおのはるなが》といった吏僚《りりょう》たちだ。三成は、秀吉の側近として、戦いに出向くより大坂に残っていることが多かったから、淀殿との接触も頻繁だったに違いない。ましてや秀吉晩年には五奉行《ごぶぎょう》のひとりになり、秀吉没後も関ヶ原の合戦まで淀殿を支えていたから、噂を立てられる下地はある。

一方の大野治長は、淀殿の乳母《うば》だった大蔵卿局《おおくらきょうのつぼね》の息子で、淀殿との縁が深い。関ヶ原で三成が没した後も淀君に仕え、大坂城落城で淀殿に殉じているから、これももっともらしい。

しかし、たしかに淀殿の不義の噂が流れてはいたが、浮気相手の個人名が史料に見られるようになるのは秀吉没後のことで、歌舞伎役者あるいは浪人ともいわれる名古屋山三郎《なごやさんざぶろう》が相手などという荒唐無稽なものもあり、後世の人々が伝説として残してきた俗説にすぎないようだ。

淀殿（一五六九または一五六七〜一六一五年）
織田信長の妹お市《いち》の方と、小谷《おだに》城主・浅井長政との間の子で名は茶々《ちゃちゃ》。豊臣秀吉に引き取られ、彼の側室となる。淀《よど》城を居城とし淀殿と呼ばれる。秀吉没後に徳川家康に攻められ、大坂城落城とともに自刃した。

権勢最高潮のなか、最高権力の座を惜しげもなく捨てた足利義満の真意とは?

◆室町幕府に安定をもたらした功績

足利義満《あしかがよしみつ》は鹿苑寺《ろくおんじ》金閣を造営したことで知られ、室町時代前期に幕府繁栄をもたらしている。義満の権勢を表したものには、金閣のほかに相国寺《しょうこくじ》の七重の塔がある。高さ三六〇尺(約一〇九メートル)というから、木造建築としては当時の最高のものだった。こうした壮麗な建築物を造営し、自身の権力を誇示した義満には、ある野望があったのではないかといわれている。

これほど大規模な工事ができたのは、足利尊氏《たかうじ》が開いた室町幕府が、義満の代になってようやく各地で続いていた戦乱を治め、幕府の力が安定したからだ。また、朝廷が分立し吉野に樹立されていた南朝を、幕府が擁立した北朝と統一させることにも成功した義満は、朝廷に対して強い発言力を持つことになった。

皇位までも望んだといわれる、権力の権化・足利義満。

この間、管領《かんれい》の細川頼之《ほそかわよりゆき》が失脚して自ら政務をとるようになった義満は、武家としては初めて准三宮《じゅんさんぐう》の位を得て公卿《くぎょう》に等しい立場となると、独裁色を強めていった。権力を得た義満は、北小路室町に新しい屋敷を造営し、これを花御所《はなのごしょ》と呼ばせた。天皇の御在所である本来の御所に対して、自分が政務を行なう屋敷を並び称させたのである。

これだけの権力を手にしながら、一三九四（応永元）年、義満は将軍職をわずか九歳の息子・義持《よしもち》に譲っている。義満本人はまだ三七歳、一三六八（応安元）年の将軍即位から三〇年、権勢はまさに最高潮を迎えようとしていたときに、最高権力者の座を惜しげもなく放り出したのである。しかし幕府も安定したことではあるし、あとは悠々自適の隠居生活ということにはならなかったところに、義満の真の姿が見えてくる。

◆権力欲を満たすためにとった手段

将軍職返上後、朝廷は義満に太政《だじょう》大臣の地位を与えている。ところが義満は、この太政大臣の座もわずか半年で返上して出家する。太政大臣は天皇の補佐役として朝廷では最高の地位だが、あくまで天皇の臣下でしかない。義満は出家することで天皇の臣下という立場を逃れた。そして自らが皇位につくために準備を進めていたのである。金閣が設営されたのは、義満の新しい屋敷、北山第《きたやまだい》のなかだったが、けっして老後の隠居所ではなく、彼の権力欲を象徴するものなのである。

七重の塔の落慶式は、義満の四二歳の厄払い、父・足利義詮《よしあきら》の二三回忌法要を兼ねて北山第で行なわれている。これが朝廷によって、正月に清涼殿でとり行なう宮中の年中行事である御斎会《ごさいえ》と同格だと認めさせていることからも、それがうかがえる。以後義満は、衣服や儀式での席次などを法皇にならったものにし、院政のような政治体制がとられることになった。

この時代、外交的には中国との交易が復活しているが、明《みん》の皇帝に義満が送った書状には「日本国王」と自らを名乗っており、野心が如実に表れている。

内政的には、時の後小松《ごこまつ》天皇の生母が没すると、天皇が義満の妻に准母《じゅんぼ》の院号を与えたため、形式的にではあるが、義満が天皇の父という立場を認められることになった。すると義満は、息子・義嗣《よしつぐ》の元服を内裏《だいり》で親王並みの儀式でとり行なうなど、誰はばかることなく皇位継承への欲望を見せ始めていたと考えられるのだ。

しかし、残念ながら義満の野望が達成されることはなかった。義嗣の元服の翌年、義満は五一歳で世を去る。義満のとどまるところを知らぬ野望に、朝廷側が暗殺を仕掛けたのだという説もある死であった。

足利義満　（一三五八～一四〇八年）
室町幕府の第三代将軍。一一歳で将軍職につく。即位後、南朝・北朝の朝廷を統一、九州の統一など将軍のもとに権力を集中させることにも成功。息子に親王並みの儀式を行なわせ、公武一体化を目指した。

「国盗り」の代名詞・斎藤道三 しかし、最後まで〝よそ者〟であった悲運!?

◆油売りから身を興したという伝説

下克上《げこくじょう》の戦国時代に、まさにそれを実践して大名に成り上がったのが斎藤道三《さいとうどうさん》だ。江戸時代に伝承として広まっていた彼の一生をもとに、司馬遼太郎が著した『国盗り物語』は、「美濃の蝮《まむし》」と呼ばれた彼の策略家ぶりを余すところなく描き出している。

若き日の道三は、油商人・山崎屋庄九郎《やまざきやしょうくろう》と名乗って諸国を巡り、油を売り歩く。七五調のはやし歌に乗せてマスで量り売りする油売りの行商に身をやつしてはいるが、心には野望を抱いて諸国の事情を偵察していたのだ。旅をしながら、国の乱れが目に余るのはどこか、領主の力量が劣っているのはどこか、どこの土地の人が子分にしやすい性格か……などを見比べて、選んだのが美濃の国だったということになっている。

守護大名の土岐《とき》氏に仕官すると、たちまちのうちに頭角を現し、土岐氏を追放して大名となる、まさに「国を盗む」物語だ。しかし、この道三の生涯はあくまで江戸時代の伝承でしかなく、司馬遼太郎によって脚色されたフィクションである。

現実の道三は還俗《げんぞく》した僧侶の息子で、すでに土岐氏に仕えていた父の跡を受けて土岐氏に仕えている。主君を倒して美濃の国主となるところはフィクションも史実も一致しているが、道三一代で成り上がったのではなく、父子二代にわたって成し遂げた斎藤家の大事業だった。

この事実は、道三の亡くなった四年後に、南近江の大名だった六角義賢《ろっかくよしかた》の重臣宛の書状に記されていることからわかったものだ。

◆はかなかった戦国大名家の命運

六角義賢の書状によれば、斎藤道三の父親・西村新左衛門尉《にしむらしんざえもんのじょう》は、京都の妙覚寺で僧侶をしていたが、還俗して、美濃の守護大名・土岐氏の家臣、長井弥二郎《ながいやじろう》に仕えている。新左衛門尉にも才覚があったようで、長井家の家来のあいだに主君の長井姓を賜っている。このころの道三は長井規秀《のりひで》を名乗っていたと伝わる。

土岐氏は一族・家臣の間に不和があったようで、新左衛門尉はそれに乗じて土岐氏直属の家臣ではなかったのに三奉行のひとりの地位を得ている。この新左衛門尉の死をもって始まるのが、道三本来の「国盗り物語」だ。一五三三（天文二）年に家督を継いだ道三は、姓まで賜った主家筋の長井景弘《かげひろ》を倒して土岐一族の名門である斎藤姓を名乗るようになった。

土岐一族の内部対立を利用して、土岐頼芸《よりなり》を奉じてクーデターに及び、当時の当主・土岐頼武《よりたけ》を追放する。その翌年には頼芸も追放して美濃の国を手に入れたのが、道三の本当の国盗り物語だ。

戦国時代にありがちな家臣による主君への謀反に成功したわけだが、領内統治がうまくいっていない国・美濃に仕官したところが、油売りをしながら偵察をして美濃を選んだという伝説になったのかもしれない。

稲葉山城を居城とした道三は美濃の統治を始めるが、隣国の尾張との関係を良好に保つため、娘を織田家の総領に嫁がせるなど、策略的な外政には優れた手腕を見せた。ただ内政には失敗したようで、家臣や領民の支持を得られなかった。美濃にとってはよそ者で、子飼いの家臣を持たなかったのが悲運だった。

やがて家臣の反発に耐えかねた息子・義龍《よしたつ》によって隠居に追い込まれた道三は、捲《けん》土《ど》重来《ちょうらい》を期して挙兵する。道三軍には娘婿・信長の軍勢の援護が約束されていたが、道三に従う家臣はあまりに少なく、信長軍の到着を待つことなく討死している。

新左衛門尉が足がかりをつかみ、道三の代に大名となった斎藤家は、義龍の子・龍興《たつおき》の時代に、織田信長によって滅ぼされた。群雄割拠した時代に、道三が知恵と策略で勝ち取った領国は、わずか三代にして滅び去ったという戦国大名ならではの斎藤家の物語である。堅固だった稲葉山城は、その後に岐阜城と名を変えて、信長の天下取りの拠点となった。

斎藤道三（一四九四または一五〇四～一五五六年）
戦国時代の武将。前半生は不詳。一五三二（天文三）年に初めて史料に現れる。父親の代に美濃の守護大名だった土岐《とき》氏の家臣になった。道三《どうさん》の代に土岐氏を追放、美濃を支配。息子義龍《よしたつ》と不仲になり、長良川《ながらがわ》の合戦で討たれた。

足軽大将・木下藤吉郎（豊臣秀吉）は、伝説通り本当に一夜で城を築いたのか？

◆不可能を可能にした足軽大将

豊臣秀吉《とよとみひでよし》は、まだ木下藤吉郎《きのしたとうきちろう》を名乗っていた頃、知略を駆使して出世を遂げていったとされる。伝説的に語られる数々のエピソードは、はたしてどこまで真実なのだろう。

一五六六（永禄九）年、主君・織田信長は、斎藤氏の治める美濃の攻略をねらっていたが、当主・義龍《よしたつ》の居城である稲葉山城は堅固な城郭で、攻めあぐんでいた。この稲葉山城攻めにおける墨俣一夜城《すのまたいちやじょう》伝説は、秀吉が才知を示した出来事として伝えられている。信長の領地である尾張から、美濃の稲葉山城を攻めるには、木曾川を渡らなければならなかった。木曾川はふだんはゆったりした流れだが、一雨くると水量が増し、川は氾濫して陸地を覆い、流れを変えるという暴れ川だ。信長軍が、これを渡ろうとすると、それだけにエネルギーを注がねばならず、美濃側からの攻撃を防ぎきれないのである。

なんとか攻撃の拠点となる砦《とりで》を、美濃側に張り出した墨俣の地に築こうと、佐久間信盛《のぶもり》、柴田勝家《しばたかついえ》らが派遣されたが、ことごとく失敗していた。いずれも信長家臣のなかでも信の厚い武将たちである。

それを足軽《あしがる》大将程度の身分でしかない藤吉郎が、自分が試みると申し出たのだから、信長が許したとはいえ誰も成功を信じてはいなかった。しかし、藤吉郎は成功する。『絵本太閤記』は、その経過を次のように記している。

「一夜のうちに城の普請《ふしん》まったく成就し（中略）一隊の長城、忽然《こつぜん》と湧出す（後略）」

一晩で砦の建設が完成し、まるで湧き出したかのように要塞が長く連ねられていたというのである。ここから墨俣の砦は「一夜城」と呼ばれることになった。

◆実際の工期は一カ月？

この「一夜城」伝説には、その工期に疑問が持たれていた。現在では、たった一夜にしてというのは大げさだが、墨俣の砦がごく短期間に完成したことだけは確かだろうとされている。知略に長けていた藤吉郎は、かつて自分が世話になったこともある蜂須賀小六《はちすかころく》ら川並衆《かわなみしゅう》という木曽川上流の土豪たちに協力をあおいでいた。

その築城の手法とは、山中で伐り出した材木を川に流して上流でいったん引き上げ、柵や塀を造る板や丸太に加工する。それを積んだ船で一気に川を下って墨俣へ運び、夜陰にまぎれて組み立てるという、現在のプレハブ工法のようなワザを使ったのである。確かに、建築資材を船に積んで運び、組み立てるという突貫工事だけなら短期間で、なんとか格好だけはつくものが造れたかもしれない。

この築城の模様を描き出した『永禄州俣記《えいろくすのまたき》』によれば、昼間は美濃勢の攻撃を避けるため工事を中断しながら、実際は三日三晩をかけたという。総延長三・二キロメートルの馬止め柵に守られた砦は、五棟の高櫓《たかやぐら》、三棟の平櫓、高さ二メートル、長さ四五〇メートルの土居のほか井戸ふたつ、川の水を引きこんだ堀も砦の周囲に巡らされていたという。まさに墨俣城と呼ぶにふさわしい構えであった。

ただし、近年の研究で、この三日三晩というのも大げさにすぎ、実際は七月五日から八月二〇日まで一カ月以上かかっていたという説も生まれている。

山中での材木の調達については、伊勢《いせ》の北畠《きたばたけ》氏を攻めるために必要な塀や柵を造るという名目で、信長自身がお触れを出していたともいう。敵を欺くにはまず味方からと美濃を攻める計画を立てていることをひた隠しにして用意した可能性もある。時間のかかる木材調達だったからこそとられたニセのお触れだったとすれば、かなり時間をかけた砦建設だったことになる。

また『信長公記《しんちょうこうき》』が、この墨俣城建設について触れていないことから、砦の存在そのものに疑問符をつける説もあるが、これは遺構《いこう》が見つかっていることから、規模がどんなものであったにしろ、砦のようなものが存在したことは事実である。

豊臣秀吉（一五三七～一五九八年）
尾張の農民の家に生まれた。織田信長に仕え、はじめ木下藤吉郎と称した。本能寺の変で明智光秀《あけちみつひで》を討って天下統一に成功。大坂城を築いて本拠とし、太閤《たいこう》の座につき、後継者が幼いことを気にかけつつ没した。

スペインの協力を仰ぎつつ、伊達政宗が企てた徳川倒幕計画

◆幕府も支援したスペイン領メキシコとの交易

伊達政宗《だてまさむね》は一六一三（慶長一八）年九月、仙台藩月ノ浦港から、遣欧使節を乗せた五〇〇トンのサン・ファン・バウティスタ号を送り出した。名目は宣教師の派遣を求めるノビスパン（メキシコ）との交易と、政宗の親書をスペイン国王とローマ教皇に届けることだったが、その裏には徳川幕府の協力があったとみられている。サン・ファン・バウティスタ号にはスペイン国使のメキシコ副王大使・ビスカイノも同乗していて、彼をメキシコに送り届けるという目的もあった。ビスカイノは徳川家康にも謁見しており、そのときメキシコとの通商が話題になっていた。

幕府は銀の精錬技術の導入や、鉄砲用火薬の原料になる硝石《しょうせき》輸入のために、メキシコとの交易を望んでいた。時は大坂の陣の一年前、来るべき大坂方との戦いの

ために、幕府にとって硝石はいくらでも必要だった。そのため、政宗がスペイン国王へ直接交易の許可を願う使節を送ることに協力したのである。伊達藩の新船建造に際して幕府はお抱え造船技術者の派遣まで行なっている。

サン・ファン・バウティスタ号は太平洋を横断して、一二月にはメキシコに到着。政宗もメキシコから銀採掘・精錬技術の導入を図っていたといい、これで政宗の目的も達成されたも同然だったといえる。なにしろビスカイノはメキシコ統治の副王大使で、それなりの権限もある。ビスカイノに依頼すれば、ヨーロッパに渡らずともスペイン国王への親書を仲介してくれたはずである。

◆使節の目的は交易以外にあった？

ところが、政宗の使節・支倉常長《はせくらつねなが》は、随員二〇人とともにスペイン本国にまで渡っている。使節をメキシコで引き返させずにヨーロッパまで送り込んだのはなぜか。

たしかに親書には、スペイン国王宛のものだけでなく、ローマ教皇に宛てた宣教師の派遣を依頼するものも含まれていたから、使節が直接欧州まで行くことには立派な名目はある。

しかし、使節が日本を出発する前年、既に幕府はキリスト教禁止令を出し、京都では教会が焼き払われるなどしている。使節がローマへ行くことにどれほどのメリットがあったというのか。

その理由を説明するものが、スペイン国王宛の親書の内容である。あくまでもメキシコとの通商願いだったといわれているが、親書は政宗がスペインに同盟を呼びかけるものだったのではないかというのである。

伊達政宗は、右眼のない肖像画は残さなかった。

宣教師派遣依頼は、クリスチャンだったといわれる政宗の娘・いろは姫のためであると同時に、カトリック国であるスペインと協力して幕府を倒し、自分が天下を取りたいというのが政宗の真の目的だったというのだ。

もしそれがかなったならば、政宗が政治の実権を握ったとしても、家康の実子である忠輝《ただてる》を将軍に据えれば筋の通った政権になる。またもし、倒幕がかなわなくとも、スペインとの同盟関係を後ろ盾として、奥羽に徳川幕府に対抗できる政権を樹立することも夢ではなかったろう。

だが、日本国内ではキリシタン弾圧がさらに厳しくなり、大坂の陣も終わって徳川政権は安定期に入った。それを知ったスペイン国王からも色よい返事はもらえなかった。一六二〇（元和六）年、常長が成果なく帰国したとき、政宗はキリシタンの常長を幽閉同然の身にするしかないほど、国内事情は変化していたのだった。

伊達政宗（一五六七～一六三六年）
戦国時代末期、米沢《よねざわ》城主の子。家督を継ぐと領地の拡大に成功。娘と徳川家六男との婚姻により関ヶ原の合戦では東軍につき、戦後は伊達《だて》六二万石の領主となる。仙台城を築いて本拠を移す。幕府の後援を受けて遣欧使節も派遣した。

バルチック艦隊を壊滅させた「丁字戦法」考案者は、秋山真之ではなかった！

◆大国ロシアを撃破した名参謀の迎撃作戦

一九〇四（明治三七）年、日本は大国ロシアに宣戦布告した。

この日露戦争で日本は、遼陽《りょうよう》、旅順《りょじゅん》、奉天《ほうてん》などで行なわれた陸戦に勝利を収め、戦いを優勢に進めていた。そして、翌一九〇五（明治三八）年、日本海でロシアのバルチック艦隊を壊滅させる。この日本海海戦での奇跡的な大勝利が決定打となり、ロシアを講和のテーブルに引っ張り出した。

東洋の奇跡とまでいわれた日本海海戦での劇的な勝利の裏には、ふたりの立役者がいる。それが、連合艦隊司令長官・東郷平八郎《とうごうへいはちろう》と、彼のもとで作戦参謀を務めた秋山真之《あきやまさねゆき》である。

当時、世界を驚かせたといわれるこの日本海海戦には、通説とは異なる事実が秘められているという。

ロジェストヴェンスキー中将率いるロシアのバルチック艦隊は、四〇隻を超える大艦隊だった。対する日本艦隊では、東郷と秋山を中心に対ロシア迎撃作戦が練られていた。ロシアはバルチック艦隊を細分化してゲリラ方式でウラジオストック港に集結すると考えた秋山は、七段構えの戦略によって、一隻も入港させないという作戦を立てる。

その際、問題となったのは、バルチック艦隊の進航ルートである。バルチック艦隊がウラジオストックに行くには、対馬《つしま》海峡か宗谷《そうや》海峡、津軽海峡のいずれかを通らなければならない。どのルートを通るか秋山でさえ判断に迷い、作戦会議でも意見が割れたが、東郷は「対馬海峡を通る」と予想。反対した者も多かったが、これは見事に的中した。

バルチック艦隊を捕捉した日本艦隊は、画期的な作戦を決行する。日本艦隊は敵と対面する格好で接近し、敵前八〇〇〇メートルで急に左に旋回し、バルチック艦隊の進路をふさいだのである。

これが、かの有名な「丁字《ていじ》戦法」で、秋山が古兵書にあった村上水軍の戦術から

「智謀湧くが如し」と称された参謀秋山真之。
（写真提供：国立国会図書館）

編み出したともいわれている。丁字戦法により近距離からバルチック艦隊への砲撃を集中させることが可能となり、敵艦一九隻を撃沈、五隻を拿《だ》捕《ほ》。二隻が自沈または座礁し、残りは敗走した。

この丁字戦法の成功により、日本はロシアに対して、「東洋の奇跡」と讃えられる歴史的勝利をおさめる。

◆誰が「丁字戦法」を考案したのか？

一般的に、この「丁字戦法」を考案したのが秋山で、それを採用したのが東郷だといわれている。ゆえに、このふたりが日露戦争の功労者だといわれるのだが、じつは、この作戦を考案したのは秋山真之ではないという意見がある。

野村實氏の『日本海海戦の真実』によると、丁字戦法を考案したのは秋山ではなく、日本海海戦時に「笠置《かさぎ》」艦長だった山屋他人《やまやたにん》という人物だという。

一八八八（明治二一）年に、海軍少尉に任官された山屋は、日清戦争で黄海《こうかい》海戦に従軍。日本の艦隊が清《しん》国の北洋艦隊を打ち破った一部始終を目の当たりにしていた。その後、山屋が海軍大学校で学んだときに校長だったのが東郷である。さらには、東郷が海軍大学校校長に再任されたときには、山屋は教官だったという。

山屋が丁字戦法の考案者だという根拠として、海軍大将・山梨勝之進《やまなしかつのしん》が海上自衛隊幹部学校で行なった講話を紹介している。学生たちへの話の中で山梨は「私は、山屋さんが丁字戦法の最初の主唱者であったと記憶しております」（『歴史と名将』）と発言しているのだ。

野村氏によれば、丁字戦法が秋山の考案により東郷が採用したと伝えられるようになったのは、東郷の神格化問題に関係があるという。

日露戦争の勝利に熱狂した日本人は、東郷平八郎を類まれな指揮能力とカリスマ性を持ち合わせた人物として神格化した。その結果として、丁字戦法の最初の主唱者が歴史の闇の中に伏せられてしまったのであろうと述べている。

山屋が丁字戦法を考案したのだとすれば、それが東郷に提唱されたのは山屋が海軍大学校の教官時代の一九〇〇（明治三三）年頃、日本海海戦の四年以上前であったろうと推測される。しかし、この驚くべき戦法を海戦直前に参謀である秋山が提唱したとすることで、劇的効果が高まると考えられたのかもしれない。

秋山真之（一八六八～一九一八年）
明治・大正期の海軍軍人。愛媛県出身。軍令部諜報《ちょうほう》課《か》員として米英に駐在。日露戦争では連合艦隊作戦参謀として各海戦を指揮。第一次世界大戦では海軍省軍務局長として活躍し、その後中将となった。

代表的平安歌人・在原業平、突然の「東国下り」は、傷心旅行だった!?

◆男前の貴公子を彩る恋の伝説

歌人として在原業平《ありわらのなりひら》が後世に名を残すことになったのは、業平と思われる主人公の半生を描いた平安時代の歌物語、『伊勢物語』が書かれたことのほかに、勅撰《ちょくせん》和歌集である『古今《こきん》和歌集』に三〇首、『後撰和歌集』に一一首の歌が採られているからだ。

『伊勢物語』は作者不詳だが、業平自身が書いたとする説もある。また『古今和歌集』では、業平の歌にはかなり詳細な詞書《ことばがき》がつけられていて、これらの内容から業平の生涯が語り継がれてきた。名門出身の美男子だけに多くの女性と浮名を流したとされ、伊勢の斎宮恬子《さいくうてんし》、二条后高子《にじょうのきさきたかいこ》との恋が有名である。とくに高子との恋は情熱的で東国へ下る傷心の旅の原因になったとされている。業平が東国へ下る話は平安時代においては有名で、「東下り《あづまくだ》」とはすなわち業平が東国へ向かったことを指すほどだった。

業平は、藤原良房《ふじわらのよしふさ》の養女・高子が天皇の後宮《こうきゅう》に入ることが決まったあとに彼女と恋に落ちたという。業平はいわば天皇のお后候補を横取りしたことになる。

この恋愛事件について、『伊勢物語』六段には「盗みて負ひていでたりけるを……」という一節があり、業平と高子が駆け落ちを試みたらしいことをうかがわせている。結局は失敗して高子は連れ戻されてしまうのだが、これだけの騒動を起こせば宮廷への出入りは止められて当然だ。結果、業平は傷ついた心を抱えて、畿内からは遠い武蔵・相模といった東国へと下ったのだという。

同じ『伊勢物語』には、業平と思われる男が自身のことを「要なきものと思い」、「京には居づらくなって」などと思って旅に出たという表現が見られる。しかし、業平の東国への旅に関するこれ以上の史料は何もない。そのため、東下りの原因については、傷心以外に政治的な要因についても言及されている。そればかりか、東下りそのものの事実に関しても疑問を呈する説もあるのである。

◆摂関政治に呑み込まれた不遇の皇孫

業平の生涯を、任官の記録から見てみると、二五歳で従五位下《じゅごいげ》、三八歳で従五位上《じゅごいじょう》を授けられており、一階級昇級するのに一三年もかかっている。この期間が、彼が東下りして宮廷に出仕していなかった期間と見ることはできるが、同時期に起こったひとつの事件が、業平の昇進を遅らせた原因をうかがわせてくれる。

八五七（天安元）年、時の文徳《もんとく》天皇が立太子《りったいし》していた惟仁《これひと》親王に代えて、惟喬《これたか》親王を即位させようとして失敗し、結局は翌年に惟仁親王が清和《せいわ》天皇として即位したという騒動が起こっている。

業平は、惟喬親王の生母の実家、紀《きの》家と親しくしており、この事件に連座して左遷された、あるいは閑職に留め置かれたという可能性が高いのだ。もちろん、それが、「京に居づらくなっ」たり自身のことを「要なきもの」と考えた理由になったということも考えられるし、極論すれば連座の罪で東国に流罪《るざい》になったのかもしれない。

後世になって『伊勢物語』を解説した書を見ても、『愚見抄《ぐけんしょう》』は京での恋に破れて東へ下ったとし、『惟清抄《いせいしょう》』は業平の左遷説をとり、『肖聞抄《しょうもんしょう》』は流罪のことであるが作り物の物語とし、『知顕抄《ちけんしょう》』も本当に東下りをしてはおらず、作り話とするなど、諸説入り乱れている。

また別の史料によれば、二条后と密通したことがバレて出家させられた、駆け落ちに失敗して出家隠棲したなどいう説もあり、東国への旅の理由ははっきりしないうえに、実際に旅をしたのかすらあやふやになってくる。

時代はちょうど藤原良房が、太政《だじょう》大臣、摂政《せっしょう》と地位を上り詰めて、藤原氏による摂関《せっかん》政治が幕を開けようとしていた時代。皇孫ではあっても藤原氏にうとんじられていた業平の政治的不遇だけは確かなようである。

在原業平　（八二五～八八〇年）
六歌仙・三十六歌仙のひとりに数えられる平安時代初期の歌人。阿保親王と伊都内親王の間に生まれた皇族だったが、臣下となって在原《ありわら》姓を名乗った。宮廷に出仕していたが、ある時期、関東へ旅をしたと伝えられている。

律令国家を確立した女帝・持統天皇が、三〇回以上も吉野へ旅した理由とは?

◆人生の節目の舞台となった地

天皇の旅行を行幸《みゆき》と呼ぶが、日本最古の正史『日本書紀』によれば、持統《じとう》天皇ほど多くの行幸が記録された古代の天皇はいない。なかでも吉野への旅は三〇回を超える多さである。

女帝はどんな目的でこれほどの回数を吉野へ行幸したのだろう。

彼女の最初の吉野への旅は、まだ夫が天智《てんじ》天皇の東宮《とうぐう》(皇太子)の座にあって大海人《おおあまの》皇子と呼ばれていた時代だ。六七一(天智一〇)年、病床にあった天智天皇が大海人皇子に譲位を申し出るが、兄が息子の大友《おおともの》皇子を即位させたがっていることを知っていた彼は、謀略をおそれて辞退、出家して吉野宮で隠棲を始めた。持統天皇はそれに従って吉野へこもっているのだ。

しかし翌年、大海人皇子は彼を慕う朝廷の人々とともに挙兵、大友皇子を倒して即位している。この内乱が「壬申《じんしん》の乱」だ。持統天皇にとって吉野は半年ほどではあるが、政争に破れた夫とともに傷心の日々を過ごした土地だったのである。しかも、大海人皇子にはほかにも妻子がいたが、吉野に同行したのは彼女と、彼女の産んだ草壁《くさかべ》皇子と異母兄弟の刑部《おさかべ》親王だけという寂しさだった。

「壬申の乱」の挙兵でも、持統天皇は同志として反乱軍と行動を共にしており、天皇に即位した天武《てんむ》天皇はその協力を認めて、彼女を正式な皇后とした。さらに左大臣も右大臣も置かず、彼女を補佐役として重用したのだった。

天武天皇の皇后への信頼は厚く、彼女の産んだ草壁皇子を立太子させて東宮にするときも、他の継承権のある皇子たちを吉野へ連れていき、皇后と東宮への忠誠を誓わせている。吉野は、持統天皇にとってそんな思い出の地でもあった。

◆天皇としての正統性を誇示する旅

六八六（朱鳥元）年に天武天皇が没したあとは皇后（持統天皇）による称制《しょうせい》が行なわれた。天武天皇の補佐を長年にわたって務めてきた彼女は、天皇の着手した律令《りつりょう》の制定という大事業を引き継ぎ、次代の文武《もんむ》天皇の時代に「大宝律令《たいほうりつりょう》」としてその完成を見ることになったのだった。持統称制の一方で草壁皇子の即位の準備が進められていたが彼が病没したため、六九〇（持統四）年、ついに彼女が正式に天皇に即位する。

持統天皇の吉野行幸が始まるのは、その即位の三カ月ほど前からだ。草壁皇子が病気がちだったこともあり、自ら即位する決意を固めるために、思い出の吉野へ赴いたといわれ、以後、何度も天皇の吉野への行幸が繰り返される。こうした事情から、持統天皇の度々の吉野行幸は天武天皇を忍ぶ感傷旅行だったと思われがちだ。

しかし、天武天皇は皇后と皇子たちを伴った盟約の旅以外に足を運んではいない。だから持統天皇の旅は、天武天皇への感傷からばかりとはいえない側面を、吉野という地は持っていることになる。

持統天皇が訪れた吉野宮は斉明《さいめい》天皇（皇極天皇重祚《こうぎょくてんのうちょうそ》）が、離宮として設営したものだ。吉野は古代から道教思想に基づく神仙境《しんせんきょう》と見なされていて、斉明天皇は聖地に離宮を設けたのだった。天武天皇が出家して吉野に落ちたのも、皇后と皇子たちに盟約を誓わせたのも、吉野という地の持つ神聖さを重視したからだと考えられるのだ。

さらに斉明天皇は天智天皇の母親であり、持統天皇にとっては祖母である。天武天皇の皇后という立場での天皇即位ではなく、斉明―天智という血脈を受け継ぐ正統な後継者という自己の存在を明確にしようとした意図も垣間見える。

また斉明天皇は工事好きの天皇として知られ、離宮のほかに新しい皇居として「後《のちの》飛鳥《あすか》岡本宮《おかもとのみや》」を造営している。持統天皇は「藤原京」への遷都を手がけており、その工事祈願のためにも吉野宮へ足を運んだと考えられる。

持統天皇　（六四五～七〇二年）
第四一代天皇で、天智《てんじ》天皇の皇女。天智天皇の弟である第四〇代天武《てんむ》天皇の后。夫が、天皇の後継を争った「壬申《じんしん》の乱」後に天皇として即位すると、補佐役を務めた。天武天皇没後には自ら即位し、藤原京遷都を行なっている。

『歎異抄』で有名な「悪人正機説」を唱えたのは、じつは親鸞ではない

◆親鸞が修行の果てに見たもの

親鸞《しんらん》の没後、弟子の唯円《ゆいえん》が著した『歎異抄《たんにしょう》』は、生前の親鸞の語録を中心に編纂されており、親鸞が開祖となった浄土真宗の教えを、正しくわかりやすく教えてくれるものだ。この書のなかで、親鸞の思想の特徴として記されているのが「善人なをもて往生をとぐ、いはんや悪人をや」という悪人正機説《あくにんしょうき》である。善人は自ら修行し往生する。悪人とは煩悩を持つすべての大衆だ。悪人であることを自覚して信仰すれば、往生は確実だと説くものだ。

この悪人正機説こそが、親鸞の教えの中核であるといわれてきたが、近年の研究では、最初に唱えたのは親鸞ではなかったのではないかといわれている。親鸞がこの言葉を最初に唱えたのではないとすれば、先駆者がいたことになる。親鸞よりも

先に、親鸞が至った境地に到達していた人物として最も有力なのは、彼の師・法然《ほうねん》である。

親鸞が法然に師事したのは二九歳のとき。比叡山《ひえいざん》で二〇年も修行を重ねた親鸞だったが、その鎮護国家《ちんごこっか》を目的とした宗教観に疑問を感じるようになる。鎮護国家を目的とする仏教が救済するのは、皇族や貴族階級など選ばれた人たちのみで、民衆の苦しみは救われることがなかったことに懐疑的になったのだ。

そこで比叡山を出た親鸞は、堂籠《どうこも》りを経て東山で教えを説いていた法然の庵《いおり》を訪ねる。法然は、戒律を守る厳しい修行や寺への寄進によって人は救われるのではなく、ただ阿弥陀仏を信じて念仏を唱えれば、極楽往生《ごくらくおうじょう》できるという新しい教えを広めていた。親鸞は、そこに新しい仏教の姿を見たのだった。

だが、この専修念仏《せんじゅねんぶつ》の思想は、それまでの旧仏教の考える修行の宗教という思想とは相容れないものだったため、弾圧を受けることになる。

◆師・法然の教えから思索を深めて

弾圧の陰には、その頃都に広く人気を集めていた法然の教えに、上皇に仕える女房《にょうぼう》が心酔して、念仏講に参加したうえに出家するという事件があったともいう。怒った上皇が、念仏講を危険集団だとして解散を命じたというのである。きっかけは何であれ、法然は土佐へ、すでに弟子となっていた親鸞は越後へ流罪《るざい》となる。師弟の永遠の別れとなる流罪だった。

親鸞の流罪の理由は、彼が妻帯していたことにも原因があったという。比叡山を下りて堂籠りをしているとき、妻帯すれば妻が阿弥陀となって生涯を寄り添うという夢のお告げがあり、それを信じたために結婚したとされる。旧来の仏教からすれば破戒僧《はかいそう》になったわけで、いわば自らが悪人の生き方を試みたといえそうだ。

国家の仏教より、民衆救済の仏法を求めた親鸞。

流罪から放免されて関東一円で布教を再開してからの親鸞は、多くの悪人と呼ばれる人たちと出会う。こうして自分を含め、目にした多くの悪人の生き方のなかから、悪人正機説を説くようになったのだった。

しかしこれは、法然のもとにいたときに親鸞が師から教えられた言葉だったことが、近年になって見つかった史料から実証されてきた。京都・醍醐寺《だいごじ》で見つかった『法然上人伝記《ほうねんしょうにんでんき》』、愛知・西福寺《さいふくじ》で見つかった『輪円草《りんねんそう》』のなかに、親鸞が残した悪人正機説とほとんど同じか似た言葉が、法然の言葉として記されているのだ。

また浄土真宗側の史料である『口伝鈔《くでんしょう》』にも、「親鸞が黒谷の先徳から受け継いだ言葉」として「善人なをもて……」が記されている。この黒谷の先徳というのが、法然である。親鸞は、自らを悪人に擬することで、師の教えからさらに思索を深めた結果、「南無阿弥陀仏」という念仏による阿弥陀如来への信心だけで、誰もが救われると自信をもって布教に努めたのだった。

親鸞（一一七三～一二六二年）
鎌倉時代初期に誕生した浄土真宗《じょうどしんしゅう》の開祖。九歳で比叡山《ひえいざん》に入り、後に法然《ほうねん》に師事する。厳しい弾圧を経て、関東一円で布教を開始。法然の浄土宗をさらに進化させて広めた。京都に戻ってからは著述を中心に布教に努め、九〇歳で没した。

ルイス・フロイスが『日本史』に記した織田信長居館の庭園は、実在した!?

◆フロイスの見た信長居館の庭

ポルトガルのリスボン生まれのフロイスは、イエズス会に入会してインドで修練期間を過ごしているとき、来日前のフランシスコ・ザビエルや日本人のアンジローに出会っている。後半生を過ごすことになる日本との縁は、この頃から既に運命づけられていたようである。

来日したフロイスは、当時キリスト教布教の重点地区だった京都へ向かい、地区長の職を務めている。織田信長との初対面はこの時代で、一五六九（永禄一二）年三月のことだった。信長は、将軍・足利義昭《あしかがよしあき》を奉じて、前年九月に入京していたのである。対面といってもふたりは言葉を交わしてはおらず、信長が珍しい異国のバテレンを観察したというものだった。

フロイスは一カ月後に再び信長と謁見する機会を与えられた。その後の信長の覇権掌握ぶりからすれば、フロイスにとってキリスト教布教の大きな助けになるものだった。そこで、この知遇をいいことに、同年夏、フロイスは岐阜に信長を訪れる。そのときの様子を彼は、一五八二（天正一〇）～一五八六（同一四）年に著述した『日本史』に記している。

『日本史』は、フロイスの観察力と文才を見込んだ本国が依頼したものだったが、当時のポルトガルをはじめ諸外国が日本を知るのに役立ったと同時に、現在の日本人が当時の日本の様子を知ることもできる貴重な史料である。

この書のなかでフロイスは、信長の宮殿は、彼の主城のある高い山の麓《ふもと》に新築されたもので、三階建てだったと述べている。さらに一階の廊下の外に庭園が四、五カ所あって池がしつらえられていたと記す。池の底には小石や白砂があり、美しい魚もおり、日本で見た完璧な庭だったと、その感激ぶりがうかがえる筆致《ひっち》だ。

これが、岐阜城のあった金華山《きんかざん》の麓に信長が新築した居館《きょかん》のことだとはわかっていても、フロイスの記述の真偽を裏付けるような、客観的な史料は見つかっておらず、信長の宮殿に関する研究がなかなか進んでいなかった。それが、二〇〇七（平成一九）年の新しい発見により、おぼろげな姿が浮かび上がることになった。

◆遺構でしのぶフロイスの感激

フロイスの訪れた信長の居館のあった場所は、いま岐阜公園となって整備されている。新しい発見とは、その公園内で行なわれている居館発掘調査で、フロイスの見た庭園跡と思われる遺構《いこう》が見つかったことである。

発掘された庭園跡は、一五×二メートル余りの三四平方メートルの長方形。石列と池の水ぎわに敷き詰める河原石があったことから、フロイスが感激した透き通った水をたたえた完璧な池の遺構だと調査団は判断している。

堆積した粘度層の土の上に河原石が約六〇個あり、石列は二・五メートルの長さで連なっていることから、池の周囲を石列で囲み、水ぎわに粘土層を置いて河原石を並べるという「州浜《すはま》」という様式の池だったと見られている。

発掘調査が進めば全容が明らかになる可能性もある。フロイスは池に関して、「一パルモの深さ、池の中には岩があって様々な草花が生えていた」などと書き記してもいる。様式がわかったのだから再現も期待でき、そうすればフロイスの感激を現代人も味わうことができるかもしれない。

信長が、それだけ凝った新築の館に異国のバテレンを招じ入れたのは、彼らがもたらす西洋文明に興味を抱いていたからだ。また日本の宗教家である僧侶たちの退廃を嫌悪しており、対抗させるためにフロイスに布教を許可したという側面もある。

フロイスは、信長没後に大坂城で豊臣秀吉にも謁見しているが、やがてバテレン追放令が出て、長崎の「二十六聖人殉教」も目撃する。その直後に没したフロイスの、日本でのいちばんいい時代が、信長の居館訪問の頃だったようだ。

ルイス・フロイス　（一五三二～一五九七年）
ポルトガル人のイエズス会宣教師。一五五〇年頃からインドやマラッカで布教。一五六三（永禄六）年に来日。豊後、長崎などでも布教を行ない、長崎で没したが、本国から、『日本史』の編纂を命じられるほどの日本通だった。

賢人・菅原道真が二五〇年続いた遣唐使を中止させた真意とは？

◆遣唐使の歴史に終止符

聖徳太子《しょうとくたいし》が、小野妹子《おののいもこ》を当時の中国王朝・隋《ずい》に送って以来、日本と中国との交流は続いていた。といっても文明の進歩していた中国から、日本は様々な知識を取り入れる一方であり、仏教、律令《りつりょう》制度、薬学・天文学など、日本文明の発展に中国がもたらした功績は計り知れない。

隋が唐王朝に代わっても、六三〇（舒明二）年の第一回から菅原道真《すがわらのみちざね》の時代までの二五〇年余り、十数回にわたって交流は継続され、約二〇年に一度の間隔で定期的に送り出されていた。一回の遣唐使に使われる船はだいたい四隻。櫓《ろ》を併用した帆船だったから漕《こ》ぎ手も乗り組み、朝廷が公認した大使や副使、通訳などのほか、留学生・学問僧、操船に必要な技術者も含めて五〇〇人の人員が送り出されていたという。

この遣唐船で送られた留学生の多くは僧侶や朝廷の役人で、中国に数年間滞在し、様々な知識を習得することを課せられ、帰国後にはそれなりの地位や身分が保証されていた。船の建造費、中国王朝への贈り物や留学生の費用など膨大な経費が必要で朝廷には負担だったが、それでも途切れさせることがなかったのは、朝廷が彼らの持ち帰る文化の導入に積極的だったからだ。

ところが、八九四（寛平六）年の遣唐船に際し、当時参議の職にあった菅原道真は中止を検討してほしいという内容の上奏文《じょうそうぶん》を、時の宇多《うだ》天皇に提出している。政務で重要な役職にあるとはいえ本来は学者の道真が、学問の発展に重要な役割を果たす留学生の派遣に反対するというのは、考えられないことである。

それにもかかわらず、天皇はこれを聞き入れ、この年の遣唐使は中止されている。道真は、先進文化を吸収する絶好の機会である遣唐使を、なぜ中止させようと考えたのだろう。

◆賢人だったがための晩年の不遇

上奏文の内容は、最近の唐は内政が乱れていて、使節や留学生の身に危害が及ぶ可能性がある、というのが主なもの。さらに渡航についても嵐や海賊船などで命を落とす可能性を秘めており、たとえそれを乗り切ったとしても、唐の国が危険だったら意味がないとしている。

じつは道真は、唐王朝が末期的症状を呈していることを、留学僧から知らされていたのである。

当時の唐は、七〇〇年代半ばまで続いた玄宗《げんそう》の全盛期から一転、玄宗が華やかな後宮《こうきゅう》で楊貴妃《ようきひ》を寵愛し、政治を顧みなかったことを引き金として内乱が各地に起こっていた。楊貴妃の身内の楊国忠《ようこくちゅう》が政治に深くかかわり、その悪政が「安史《あんし》の乱」を招き、連鎖反応的に地方から統治が崩れつつあったのである。

その情報は道真以外にも受け取っていたが、誰も真摯《しんし》に受け止めようとはしなかったところを、道真だけが重要性に気づいたのだった。実際、八九四年頃の唐は、首都・長安が反乱軍に攻略されていて、九〇七年に唐は滅亡するのだから、道真の読みは的中していた。

こうした先見の明を発揮できたのは、道真が学問をよくして中国王朝で繰り返された興亡の歴史を熟知していたからかもしれない。道真はそんな知識を含めて天皇に重用《ちょうよう》されたが、学者としては吉備真備《きびのまきび》に次いで二人目の右大臣に任じられたことが彼に不幸を招いた。道真と政治的地位を二分していた藤原時平《ふじわらのときひら》の反感を買ったのだ。

天皇廃位を謀ったという嫌疑で、道真が大宰府《だざいふ》に左遷されたのは右大臣就任から二年後のことだった。これは実際には配流《はいる》に近く、道真はこの地で没した。その後、都で天変地異が続くと、誰もが道真の祟《たた》りと恐れた。それだけ都での道真の存在感は大きかったということだ。

菅原道真　（八四五〜九〇三年）
平安時代中期の学者で政治家。任官するとすぐに才を現し、宇《う》多《だ》天皇の知遇を得る。藤原氏への抵抗勢力としての登用だったが、藤原氏にうとんじられ、大宰府《だざいふ》へ左遷された。没後、怨霊として恐れられ、天神として祀られる。

徳川軍を震撼させた真田幸村は、豊臣秀頼とともに薩摩で生き延びていた!?

◆死亡は確認されていなかった！

徳川家と豊臣家が全面的に衝突した大坂夏の陣で、大坂城は落城、豊臣家は滅亡した。秀吉の子・秀頼《ひでより》とその母・淀殿《よどどの》は自害し、家臣たちも、徳川家康にも存在を恐れられていたという真田幸村《さなだゆきむら》（信繁《のぶしげ》）ら、多くの武将が散っていった。しかし、この戦いで生涯を閉じたとされている人たちのうち、その遺体などで最期が間違いなく確認できたとはいえない人々も多い。そのなかに、先に名前を挙げた三人も含まれている。

秀頼と淀殿は、燃え上がる大坂城内で自害したとされるが、焼け落ちた跡から掘り出された死骸はみな黒焦げで、どれが誰なのかはもとより、男女の区別さえもできなかったという。

箱入り息子の豊臣秀頼は、生存説の中でもわがままし放題。

徳川家の記録でも「干飯櫓《ほしいいやぐら》で自害した」と書かれたものと、断罪されたとする二通りがあり、定まっていない。

　また幸村は、天王寺合戦で討ち死にしたとされている。当時茶臼山《ちゃうすやま》にあった家康の本陣にはいくつもの幸村の首級《しゅきゅう》が持ち込まれたが、どれも彼のものであるという確証はなかったという。

　戦国時代の武将たちは、自分に体格や容貌の似た人間を「影武者」として何人も用意していたことはよく知られている。関ヶ原の合戦以来、家康に仕えていた幸村の兄・信之《のぶゆき》も首実検に臨んだが、血のつながった兄ですら、幸村であると示せる首がなかったのである。

　そして、大坂の陣の直後から、秀頼と幸村が生き延びているとする説が世間に広く流布していった。

◆広く伝わる薩摩への逃亡説

大坂城が火につつまれているとき、そこから幸村は秀頼とともに脱出し、海路で薩摩に逃れたというのである。じつは大坂城には抜け穴が複数あった。大阪市の真田山にはその遺構《いこう》が現存している。

秀頼と幸村が生き延びたという噂が流れた記録を、長崎のイギリス商館長のリチャード・コックスの日記に見ることができる。大坂の陣の翌年、その日記に「秀頼は、五、六人の重臣とともに生存していて、おそらく薩摩にいるだろうとの噂が世間に広まっている」とか「薩摩あるいは琉球に逃げたと信じている人々がいる」と記されているのである。初めのうちは「疑わしき噂だ」としていたコックスだが、本国への報告書では秀頼の生死について明言を避けている。こうした噂は一年以上も人々の間に流れていたようである。

逃亡地とされた薩摩には、ふたりの足跡ともいえるものがある。

ひとつは、興味深い童歌《わらべうた》だ。

花のような秀頼さまを
鬼のような真田が連れて
退きものいたり鹿護島へ

という、まさに主従ふたりのことを語った歌だ。また、現在の鹿児島市には木之下という地があり、ここには秀頼の墓とされる石塔まである。

薩摩での秀頼の暮らしぶりも伝えられている。人生の転変に悶々としていたようで、酒びたりで、飲んでは暴れるといった具合だ。周りの人々は、高貴な人に無礼があってはならないというお触れがあったので、傍観していたというのである。

秀頼にしろ幸村にしろ、大坂での死亡が確認されていない以上、薩摩までの逃亡劇の可能性も否定できないのではないだろうか。

真田幸村（一五六七～一六一五年）
名は信繁。父は昌幸。織豊期～江戸初期の武将。豊臣秀吉の近侍で、関ヶ原の合戦では、父とともに信濃上田で徳川秀忠の軍を阻止。戦後は、高野山麓に蟄居される。大坂夏の陣で討ち死にした。

六条河原ではねられた石田三成の首は替え玉、秋田へ逃れ再起を図っていた!?

◆三成は死の直前まで再起をうかがっていた?

豊臣政権のもとで、五大老の筆頭であった徳川家康は、一五九八（慶長三）年に秀吉が亡くなったあと、着々と政務を掌握していった。これを快く思わなかったのが豊臣家の忠臣だった石田三成《いしだみつなり》である。やがて、ふたりの対立は表面化し、ついに三成は、一六〇〇（慶長五）年、五大老のひとりである毛利輝元《もうりてるもと》を盟主として兵を挙げたのである。対する家康は、福島正則《ふくしままさのり》、加藤清正《かとうきよまさ》らとともに参戦し関ヶ原で激突した。

日本国中の大名を二分した関ヶ原の合戦は、ご存じのとおり家康側（東軍）の圧勝だった。戦いに敗れた西軍の九〇余りの諸大名は、改易《かいえき》（領地没収）や減封《げんぽう》（領地削減）をされた。

西軍を率いた三成は戦いのあと、ひとりで伊吹山麓に隠れていたところを、捕らえられた。敗走し、切腹しなかったのは「なんとかして、大坂城に入り、もう一度挙兵を」と考えていたのだという。

また、処刑のため京都に護送中、喉が渇いた三成は、警護の者に白湯《さゆ》を求めたが、あいにく白湯がなかったので甘柿を渡すと「痰《たん》の毒になるから」と三成は断った。処刑の直前だというのに健康を気にするような発言はおかしな話だが、「大義を思う者は、首をはねられる間際まで、命を惜しむ」と語ったという。ここでも再起を諦めていなかったのである。

◆謎の多い三成のその後は？

三成は、京都の六条河原で首をはねられた。

それでは、彼の子孫はどうなったのだろうか？　三成の嫡男・重家《しげいえ》は仏門に入る条件で家康から助命され、京都・妙心寺《みょうしんじ》の住持《じゅうじ》となっている。次男・重成《しげなり》と辰姫《たつひめ》は、津軽藩の領内にかくまわれていたのである。

藩主の津軽為信《つがるためのぶ》がかつて秀吉に征伐されそうになったとき、三成によって事無きを得たという。為信は三成に恩義があったのだ。やがて、成人した辰姫を、為信は彼の次男・信枚《のぶひら》（のちの二代藩主）の側室にした。辰姫は信枚の子どもを産み、正室に男の子がいなかったため、その子・信義《のぶよし》が信枚の跡を継いで三代藩主となった。三成の子孫が津軽藩の地で藩主となったわけだ。

さらに、驚くべきことに、三成本人が生き延びていたとする説がある。三成は六条河原で処刑されたというが、それは替え玉だったというのである。徳川四天王のひとり榊原康政《さかきばらやすまさ》の家に伝わる説によると、家康から命を受けた康政は三成を自宅にかくまったという。三成は、その後生きながらえて天寿をまっとうしたといわれている。

また、江戸時代の歴史家・御《お》南《みなみ》砥《と》斎《さい》によると、関ヶ原での敗戦の後、三人の子どもを連れて伊吹山の農家

死の瞬間まで家康を討つ機会を狙った、吏僚・石田三成。

に身を隠し、変装して近江を出て、北国街道から、会津、出羽を経て米沢に滞在したという。その際、関ヶ原では西軍の御旗《みはた》をたてた佐竹義宣《さたけよしのぶ》が三成をかくまった。秀吉の関東平定以来、三成に恩義があった佐竹氏が秋田郊外の帰命寺《きめいじ》という寺を建てると、三成は出家して寺に入り、その身分が知られることなく、静かな余生を送ったという。

三成生存説は、彼が処刑される直前まで命を惜しんだこと、子孫が津軽に逃れたとされていることから派生したにすぎないとする論もあるが、やはり正史が正しいのだろうか？

石田三成　（一五六〇〜一六〇〇年）
近江出身の安土桃山時代の武将。豊臣秀吉に認められ、有能な吏僚として仕え、五奉行のひとりとなる。秀吉の死後、徳川家康らと対立。関ヶ原の合戦で「西軍」として戦ったが敗れ、京都・六条河原で処刑された。

江戸末期の大坂を揺るがした大塩平八郎絶えて消えなかった外国への逃亡説

◆大塩平八郎の乱とは？

大塩平八郎《おおしおへいはちろう》は、一六歳のときに祖父・成余の跡を継ぎ、大坂東町奉行所の与力《よりき》となった。彼は与力時代ののちに三大功績と呼ばれる実績を残した。清廉潔白な人柄であり、とくに役人の不正に対してそれを見逃すことはなかったという。一八三〇（天保元）年に引退すると、平八郎は、洗心洞《せんしんどう》という家塾を開いて陽明学を教えていた。

一八三三～三六（天保四～七）年は、洪水や冷害などによって、のちに「天保の飢饉」と呼ばれる全国的な飢饉にみまわれ、百姓一揆などが激増していた。大坂市中でも餓死者が続出していたという。平八郎は、貧民の救済を訴えて、町奉行に救済策を建言したり、豪商に対して義捐金《ぎえんきん》を出すように勧めたが無視された。

不正を許さない大塩は、死後も民衆に支持された。

これに対して、平八郎はもはや道を踏みはずした役人や私欲ばかりにふける商人たちには天誅《てんちゅう》を下すしかないと考え、一八三七（天保八）年二月一八日に息子の格之助《かくのすけ》をはじめ同志とともに決起した。決起の前に江戸の老中首座・大久保忠真《おおくぼただざね》や水戸藩主・徳川斉昭《とくがわなりあき》らに建議書を送っていたというが、書状は彼らのもとに届かず闇に葬られてしまった。

平八郎らは、豪商の家に火を放ってまわり、大坂市中の五分の一を焼いたという。しかし、反乱はその日のうちに大坂町奉行によって鎮圧されてしまう。平八郎は息子の格之助と大坂市中に潜んでいるところを発見され、三月二七日に観念し隠れていた建物に火を放って自決した。これが世にいう「大塩平八郎の乱」の顛末《てんまつ》である。

しかし、一件落着となったはずの平八郎親子の自決のあと、不可解なことが起きる。

平八郎を思わせる町奉行を非難する札が張り出されたのである。そしてもうひとつ、理解しがたいことが起こった。平八郎らに対する刑は一年以上も確定しなかったのである。ここで疑問が生まれる。平八郎親子は本当に死んだのだろうか？

◆平八郎は生きていた？　生存説の根拠とは？

平八郎の死後、その焼け跡からは、誰だか識別のつかないほど焼け焦げた死体が見つかった。その数日後、大坂市中に、「平八郎の死体は、身代わりの影武者のもので、平八郎は生きている」という噂が広まった。

噂が拡大するにつれ、平八郎は清国に渡ったとか、ロシアのシベリアに逃れたという外国逃亡説や、国内に潜伏しているといった国内潜伏説が入り乱れていった。

こうしたなか、一八三七（天保八）年、江戸湾に侵入し、通商を求めてきたアメリカのモリソン号に平八郎が乗船しているという噂が、蘭学者で西洋事情に詳しい渡辺崋山《わたなべかざん》のもとに伝わった。モリソン号はオランダと中国（清）以外は撃退してもいいという異国船打払令によって退去させられた船だ。実際、浦賀奉行所によって砲撃されている。後世にいう「モリソン号事件」である。

崋山は真相を確かめるべく、伊豆代官の江川太郎左衛門《えがわたろうざえもん》のところに手紙を送った。江川が噂の真偽を確認したか否かはわからないが、大坂であれだけの反乱を起こした男が、事もあろうに外国船に乗っているというのだから、さぞかし慌てたことであろう。

大塩の乱後、凶作などのために一揆が起こるとき、人々は平八郎を貧民救済のシンボルとした。反乱を起こした人々のなかにも、平八郎の生存説を拠りどころとしていた者はいたという。幕府に不満を持つ人々は、平八郎の復活を望み、それに応えるかたちで生存の伝説も増幅していったのだろう。

大塩平八郎（一七九三〜一八三七年）
江戸後期の大坂東町奉行所与力《よりき》で陽明学者。与力在職中に数々の不正を暴く功績をあげた。天保の飢饉における幕府の対応に不満を持ち窮状を訴えたが、聞き入れられず、決起したが鎮圧された。

◉第5章　事件◉

歴史的大事件の主人公に選ばれし者たち

戦に長けた織田信長は、なぜ「無防備」な本能寺に宿泊する愚を犯したのか？

戦に長けた織田信長は、なぜ「無防備」な本能寺に宿泊する愚を犯したのか?

◆なぜ信長は本能寺を宿舎にしたのだろうか

織田信長《おだのぶなが》の最期は、中国攻めに赴いている羽柴秀吉《はしばひでよし》の援護に向かう途中、京都・本能寺に宿泊しているとき、明智光秀《あけちみつひで》の謀反のために悲業《ひごう》の死を遂げたというものだ。戦上手の信長にしては、少数の手勢しか置かずに寺に宿泊するなど、不用意だったと、その死については語られてきた。

その理由として、武田家を滅ぼして間がなくほっとしていた、武田攻めの帰りに駿河《するが》に立ち寄り富士山を初めて見て、徳川家康の完璧な接待を受けて浮かれていた、秀吉が援軍を望んだのは苦戦のためではなく、攻略の総仕上げに信長を招いて喜ばせようとしていることがわかっていたから緊張感がなかった……などと、いろいろな説があとからつけられた。

しかし、これを鵜呑みにしてよいものだろうか。

そもそも信長が本能寺で油断していたという証拠はない。結果的に光秀に討たれたことで、宿泊先が主軍を率いた信忠《のぶただ》と同じ二条城ではなかったこと、護衛の側近数十人しか連れていなかったことが、信長らしくない無防備さだと決めつけられてきただけだ。

じつはそれを覆すかもしれない遺構が、二〇〇七年八月、本能寺跡地の発掘調査で見つかっている。

◆本能寺の変に関する初めての歴史的発見

本能寺跡の発掘調査は、マンション建設に先立って行なわれたものだ。ある古文書から、戦国時代初期の一五四五（天文一四）年、本能寺がそのあたりの土地を入手したことがわかっていたからだ。

戦国期の地層から掘り出されたのは、本能寺の変で焼け落ちたと見られる大量の瓦と、幅約六メートル、深さ一メートルの堀の遺構。約二メートルにわたって積まれまれた強固な石垣も見つかっている。さらに境内の内側にも堀らしいものがある

宣教師が描いた、信長本人に最も近いと言われる肖像画。

こともわかった。

本能寺はなんの防御もない寺だと思われていたのが、堀や石垣で守られた、まるで要塞のような寺だったらしいのだ。だからこそ信長は、京都での宿泊所に選んだ可能性が出てくる。

一方の光秀は、油断した信長を急襲し、やすやすと討ち取ったのではなく、城塞化した寺の堅固な守りを突破、攻略したことになる。相当に綿密な作戦と兵力を準備していたはずである。

光秀に急襲されて防ぎようがなく、寺に火を放ったなかで自害したという、これまで映画やテレビでおなじみだった信長の最期が、異なる形で描かれることになるのかもしれない。

しかしそれでも、信長が光秀の謀反という、彼の心を読めなかったことに変わりはない。
光秀が謀反に走った理由は諸説あるが、いずれにせよ信長は、光秀の心に渦巻く野心を想像してみるべきだったのだろう。

織田信長　（一五三四～一五八二年）
戦国～安土桃山時代の武将。一族を次々に倒して尾張を統一。天下布武を目指して将軍を奉じて入京し、足利幕府を再興させた。その幕府を自ら倒し、天下統一に乗り出したときに、明智《あけち》光秀《みつひで》により本能寺で討たれた。

徳川綱吉と同日に死んだ妻信子にまつわる一五〇年続いた「綱吉暗殺説」

◆病気が快方に向かうなかでの急死

徳川綱吉《とくがわつなよし》の死について、正史は当時流行していた麻疹《はしか》だと伝える。介護や側近の日記が残されていて、発病から死に至る経過を克明に知ることができる。

発病は一七〇八（宝永五）年一二月二八日。前夜から発熱や悪寒、頭痛を訴えていたため、この日の大名との拝謁《はいえつ》は中止された。綱吉の信心のよりどころだった護《ご》持院隆光《じいんりゅうこう》も、麻疹にならないよう祈禱《きとう》を命じられたと記録している。しかし、彼が三〇日に歳暮の祝儀に登城したときは完全に麻疹の症状を呈していたという。

明けて一七〇九（宝永六）年の正月行事は、後継に決まっていた家宣《いえのぶ》が代行し、三日には綱吉の麻疹罹患《りかん》が大名たちに報告されている。その後、症状は快方に向かい、九日には回復祝いの儀式も行なわれている。

ところが翌日朝、事態は一変、綱吉は急死してしまうのである。『徳川実紀《とくがわじっき》』は、日の出前の頃、腹痛と下痢を訴えて厠《かわや》へ立ち、戻るとすぐ意識不明になったと伝えている。いったん快方に向かいながらの急死だったため、その死は様々な憶測を生むことになる。

さらに、左大臣・鷹司《たかつかさ》家から下向して綱吉の正妻となっていた信子《のぶこ》も、一カ月後の二月九日、麻疹に続いて流行の兆しを見せていた疱瘡《ほうそう》でこの世を去った。相次いで将軍家を襲った不幸に、人々は様々な憶測をし、江戸では驚くべき暗殺事件説が流れることとなった。

◆将軍暗殺説は、黒船が来ても語られていた

将軍に続く正妻の死。その死は一日遅らせて公表されたとされている。しかし、じつはふたりは同日に亡くなり、それが夫人による将軍の暗殺だったため一カ月ずらして発表されたのではないかと噂されたのである。

正妻・信子による将軍暗殺の理由は、綱吉の愚行にあるという。子どものいない綱吉は、徳川一族にではなく重用する柳沢吉保《やなぎさわよしやす》の子・吉里《よしさと》に将軍職を譲る約束を

したというのだ。吉里の生母・染子《そめこ》はもともと吉保の愛妾《あいしょう》であり、彼女を綱吉が見初めたために吉保が染子を綱吉に献上したという過去があった。そして、このときに産ませた子が吉里で、これらを悲観して、信子は夫を刺殺して自害したのが真相だというのだ。

この暗殺説が流れたのは、江戸市中だけではない。なんと、事件の舞台とされた江戸城でも、この噂が流れていたというのである。

大奥に「宇治《うじ》の間」という開かずの間があるのだが、ここが信子が綱吉を刺殺した場所だという。宇治の間は襖絵《ふすまえ》に宇治の茶摘み風景が描かれた部屋だが、使わない部屋にもかかわらず、江戸城が何度か火事にあい、焼け落ちた大奥が再建されるとき、必ずまた宇治の間が同じ場所に造られ、襖絵も再現されてきたのである。

これらの説は、早いもので綱吉没後七〇年頃から幕末近くになるまで、様々な書物に著《あらわ》されて広く刊行されてもいる。

この噂は、一二代将軍・家慶《いえよし》の死とも結びつけられ幽霊話にまで発展する。彼が宇治の間の前を通りかかると、見かけたことのない黒紋付の老女が座って挨拶をした。将軍は誰かと問うたが、ほかの人には見えず、あいまいな答えでごまかされてしまう。それから間もなく、家慶は急死する。そして、大奥の女中たちは伝説を思い出す……。

開かずの間の前には老女の幽霊が出ることがあり、出ると不吉なことが起きるといわれてきた。幽霊の老女は、綱吉の夫人・信子が、夫を刺殺するとき手伝った御《お》年寄《としより》で、見かけた人に取り憑いて殺すと信じられてきたのだった。家慶が亡くなったときは、綱吉没後一五〇年を経て伝説が証明された、と大奥では信じられたという。

徳川綱吉　（一六四六～一七〇九年）
江戸幕府三代将軍家光《いえみつ》の四男で、五代将軍。館林《たてばやし》城主時代は儒学を好み徳政をしいたが、将軍職に就いてからは悪政の評判が高い。側用人《そばようにん》を重用して権力を与え幕政の風通しを悪くし、また生類憐《しょうるいあわれ》みの令で庶民を苦しめた。

江戸を焼け野原にした明暦の大火は、区画整理をしたかった松平信綱の陰謀!?

◆出火元の寺からぬぐえない不信感

一六五七（明暦三）年一月一八日昼過ぎ、本郷丸山の本妙寺《ほんみょうじ》から出た火は、風の強い日だったこともあって燃え広がり、二日間にわたって江戸の町を燃やし続けた。一八日の夜半、いったん収まったかに思えたが、一九日になって再び小石川から火の手が上がったのだった。

この飛び火が江戸城にまで燃え広がり、天守を燃やし、武器蔵の弾薬を爆発させるという甚大な被害をもたらす結果となった。江戸城のみならず、江戸の町屋も大名屋敷も寺社もことごとく焼き尽くしたこの火事を、時の年号から明暦《めいれき》の大火《たいか》と呼ぶ。

この火事の原因は、本妙寺で供養のために振り袖を燃やしたところ、それが折からの北西の風にあおられて本堂の屋根に燃え移ったものだったという。そこから振り袖火事とも呼ばれる。

これだけの大火の原因をつくった本妙寺の責任は重い。いくら供養のためとはいえ、前夜から吹いていた強風のなか、振り袖を燃やす必要があったのかと、罪に問われてもしかたのないところだ。それなのに、本妙寺にはなんのおとがめもなかったのである。

また火はいったんは収まったように見えたにもかかわらず、小石川をはじめ三度にわたって飛び火し、燃え広がっている。こうした事実をつき合わせていくと、明暦の大火は本妙寺の失火ではなく放火だったという説が生まれている。

本妙寺への処遇が出火元に対するものとしては不自然である理由として、火元引き受け説がいわれている。隣接する老中《ろうじゅう》・阿部家から火が出たものを、幕府の名誉にかかわるために本妙寺が引き受けたというのだ。

しかし、奇妙なことはそれだけではない。

◆実行犯不明でも、計画者は彼しかいない！

明暦の大火が放火だったとすれば、犯人は誰か、目的は何かということになる。それを解く鍵が、大火のあとの新しい江戸の町づくりにある。

ほとんど焼け野原になってしまった江戸の町は、火事のあと区画整理、道路整備が行なわれている。大名屋敷地が決められたり、寺社地が指定されたり、吉原が新吉原として移転したりという大幅な変更もあった。

幕府が置かれて以来、自然増殖を続けた江戸の町は、造りなおす時期を迎えていた。しかし、すでにある家や建造物を取り壊せという命令は出しにくい。火事によって焼け落ちたのなら被害者も納得がいく。そこで、放火によって江戸の町を焼き払う計画が立てられたのが、明暦の大火の真相だという説が生まれたわけだ。

この説のとおりだとすれば、実行犯は別にして黒幕は、区画整理を実行した幕府ということになる。そのとき挙げられるのが、三代将軍・家光《いえみつ》、四代将軍・家綱《いえつな》に仕えた能臣《のうしん》、松平信綱《まつだいらのぶつな》である。大火のあと、次々と実施された都市整備を計画した者がいたとすれば、相当な切れ者であり、「知恵伊豆」とも呼ばれた信綱に疑惑の目が向けられている。

では、そのときの実行犯は誰かというと、幕府に頼まれた本妙寺の住職が自ら行なったという。本妙寺は再建が許されただけでなく、火事のあと寺の格が上がっているところから、放火の功績を認めての措置というわけだ。

同じ松平信綱黒幕説でも、火事によって再建のための木材が必要になることを見越しての経済政策だったという見方もある。木材高騰は庶民を困らせるが、直轄地をもつ幕府はそこから運べばいいから、幕府の財政がうるおう結果になるのだ。

はたして信綱は自分の行政事業を実現させるために、一〇万人の江戸市民を犠牲にしたのだろうか。

松平信綱（一五九六～一六六二年）

江戸時代初期の幕府老中《ろうじゅう》。伊豆守《いずのかみ》を名乗ったところから、「知《ち》恵《え》伊豆」との通称を生むほど政務に手腕を発揮した。三代将軍家《いえ》光《みつ》に小姓《こしょう》として出仕し、老中にまで上り詰め、家光没後も家《いえ》綱《つな》に仕えた。

日本地図の国外持ち出し事件の裏に、将軍岳父・島津重豪の影

◆シーボルト事件はなぜ起こったか

シーボルトは、江戸時代に来日した外国人のなかでは特別扱いを受けていた。出島から長崎市街地に出ることを許されて、鳴滝《なるたき》に診療所と併設の塾を開くことまで許されていたのである。在日中に、彼ほど日本人と濃密な関係を持ち、時間を過ごした外国人は、この時代にはおそらくいないだろう。また、一八二六（文政九）年、商館長の将軍謁見のため、江戸参府に随行した際は、幕府天文方高橋景保《たかはしかげやす》はじめ多くの、新しい情報を求める人々から宿舎への訪問を受けている。

シーボルトは医者として一八二三（文政六）年に来日し、医者である以外にも植物学、動物学、地理学などを修めた博物学者でもあった。それゆえ彼は、最新の西洋事情を知りたい人々にとっては、競ってでも面談したい人物だったのである。

これはシーボルトにとってもありがたいことだったに違いない。彼は、自分を日本へ派遣した役所から、「日本における総合的科学的研究の使命を帯びた外科少佐」という肩書を与えられ、役所に、宗教、風俗から社会制度に関することまで報告する必要があった。

とくにシーボルトを喜ばせたのは、高橋景保が情報提供の謝礼に贈ってくれた地図類だった。そのなかには伊能忠敬《いのうただたか》の作成した禁制品の日本地図も含まれていた。これが、二年後にシーボルトが帰国するときに起こる、彼が国外追放の身となるシーボルト事件の原因となったのだった。

◆幕府がしかけて間宮林蔵が動いた真意

シーボルトが帰国することになった年、彼は景保に小包を送った。景保本人への贈り物のほか間宮林蔵《まみやりんぞう》宛の包みも同封されていて、これが事件の幕開きとなった。外国人との物品のやり取りは禁じられているため、林蔵はこれを奉行に届けるのだが、これで景保が江戸での面談以来、二年間もシーボルトと交流を続けていたことが幕府に知れてしまうのだ。

幕府は、禁を犯したことを理由に景保を捕らえ、シーボルトの帰国荷物も調べた。するとと出てきたのが伊能地図で、景保の罪の証拠となってしまう。シーボルトからの贈り物を何度も受け取っていた景保は死罪、シーボルトは、荷物すべてを没収され、国外追放と再入国禁止の罪が決まった。荷物の没収は、これまでオランダ人が日本の物品を持ち出すのを黙認していた長崎奉行にしては厳しい処分であった。

しかし、二年も続いたシーボルトと景保の交流を幕府が知らなかったはずはない。長崎奉行もシーボルトの行動を把握していたはずだ。間宮林蔵はシーボルトと面識はないと報告したが、面識のない相手に贈り物をするはずがないから、江戸でふたりが面会した事実はあったはずだ。事実は謎だが、林蔵は当時、海防担当という役職にあり、幕府に命じられてスパイとしてシーボルトに接近したのではないかと見られている。

一見、スパイ容疑の外国人を摘発しただけに見えるこの事件は、幕府の演出だったともいわれている。もしそれが事実だったとしたら、幕府はなぜ手の込んだ事件を仕組まなければならなかったのだろうか？　そこで鍵となる存在が、時の将軍・家斉《いえなり》の岳父《がくふ》、島津重豪《しまづしげひで》である。

彼は隠居といいつつも岳父の立場をいいことに幕府に何かと要求をつきつけ、独自の貿易権などを認めさせていた。一方、裏では密貿易を行なうなど、幕府は対応に苦慮していた。重豪はオランダとの貿易に関心を持っており、シーボルトとも面識があったのである。景保やシーボルトを罰したのは、重豪も罪に問われるかもしれないという警告をするために、幕府がわざと事件を仕組んだと考えれば、様々な謎が解ける。幕府により筋立てされていたとは、もとより文書で裏付けされているわけではないが、処罰されたシーボルトの荷物も、禁制品を除いてすべて返却されていることが、それを証明している。

シーボルト　（一七九六〜一八六六年）
江戸時代の末期に来日したドイツ人医師。長崎郊外に鳴滝塾を持ち多くの日本人蘭学者を育成した。日本人の愛妾をもち、女児をもうけたが、帰国時に問題を起こし国外追放となる。日蘭通商条約締結で再来日した。

徳川家光政権下のクーデター未遂 黒幕は御三家の紀州藩主・徳川頼宣？

◆軍学者による幕府転覆計画

徳川幕府も、三代将軍・家光《いえみつ》の時代には法制も整って、幕府開祖の家康の目指した幕藩体制も安定期に入ったとされる。しかし、それは上辺だけのことで、ひと皮むくと騒動の火種がいたるところにあった。

そのなかでも最大のものが、浪人の増加だった。関ヶ原の合戦のあと、徳川家康は様々な理由をつけて大名家を改易《かいえき》した。いわゆるお家取り潰しである。

そのなかには、東軍についたものの豊臣恩顧《おんこ》だった大名を念のため潰しておくといったものも含まれていた。この改易で幕府所領を増やそうとする傾向は、家光の時代まで続いていたから、浪人の増加ぶりは異常なほどだった。

これを憂えて、家康の甥にあたる松平定政《まつだいらさだまさ》という二万石の大名が、所領返上を申し出て乱心扱いされるという事件が、家光死去の直後に起こっている。

そして同じ頃、まだ行動は起こしていなかったが、同様に浪人増加を嘆いて幕府転覆をひそかに計画している人物がいた。由井正雪《ゆいしょうせつ》である。

神田連雀町《れんじゃく》で軍学者として塾を開いていた正雪は、人の出入りが多いのをいいことに、こっそり浪人たちに声をかけ、幕府に不満を持つ仲間を募って計画を練り上げていった。正雪は、計画は完璧だと信じていた。単純だが確実で、その計画に賛同する浪人は少なくなかったから、成功は間違いないように思えた。

まず風の強い日を選んで江戸の町に放火し、幕府の火薬庫にも火をかける。江戸の町は騒然とし、大名たちは江戸城へかけつける。それにまぎれて同志たちが城内に入って幕閣《ばっかく》を押さえ込む。別働隊は駿府《すんぷ》に入って待機し、江戸の騒動に呼応して久能山《くのうざん》の東照宮を占拠して立てこもれば、クーデターの波が各地に広がるはずというのがその計画。また軍資金として久能山にある幕府御用金の強奪も目論んでいた。

ところが、一六五一（慶安四）年、江戸の指揮を同志の丸橋忠弥《まるばしちゅうや》に委ねて駿府入りした正雪は、江戸争乱の知らせを聞く前に役人に囲まれ、自刃《じじん》に追い込まれた。

丸橋忠弥が弓を注文した際にもらした不用意なひと言で、その弓師が奉行所に届け出たため、彼らの計画を幕府が知ってしまったのだ。

◆塾に残された書状に大物の花押が！

正雪の計画は、本人が思っていたほど緻密《ちみつ》ではなく、丸橋忠弥以外にも計画を口にした浪人はいて、奉行所以外に大名家にも情報は届いていた。また正雪がねらった御用金《ごようきん》は、家光の時代に江戸に移されていて久能山には既になかった。

そんなずさんさに、結果的に幕府は安堵することになったが、不穏の種は残った。一介の軍学者と浪人たちだけで立てた計画にしては規模が大きすぎたので、黒幕の存在が疑われたのである。

その黒幕とされたのが、紀州藩主・徳川頼宣《とくがわよりのぶ》だった。大名は弟子にしないはずの正雪が、頼宣に招かれると紀州邸へ出向いていたし、駿府《すんぷ》の宿では紀州藩士と名乗っていたからである。

徳川頼宣は家康の一〇男で、その関係から家康が設けた御三家のひとつ紀州徳川家の初代となっており、直系の実子という自負があった。二代将軍・秀忠《ひでただ》には納得しても、甥の家光が三代、さらにその子が四代目を継ぐとなると、自分の出番が欲しくなった可能性はある。

それを承知していた幕府は、頼宣を取り調べている。正雪没後に塾から、頼宣の花押《かおう》のある書状が見つかったからだ。頼宣は顔色ひとつ変えず花押書状のやりとりを否定。内容が謀反の証拠となるものではなかったので紀州藩は無事だったが、松平定政の事件もあったばかりで幕府は、以後の政治を慎重に行なうようになった。

由井正雪　（一六〇五～一六五一年）
江戸時代初期の軍学者。駿河出身の浪人といわれ、江戸で軍学を教えていた。幕府の政策で浪人が増えることを嘆いて、幕政批判の謀反を計画したが事前に発覚。実行のために潜んでいた駿府の宿を町役人に囲まれて自刃した。

歌舞伎役者生島新五郎との情事・絵島事件は、幕閣と大奥の権力闘争が相乗りした事件

◆いつもどおりの芝居見物のはずが……

一七一四（正徳四）年一月一二日、大奥御年寄《おとしより》の絵島《えじま》は、自分が仕える月光院《げっこういん》の名代《みょうだい》として、芝増上寺《しばぞうじょうじ》へ墓参《ぼさん》に出かけた。月光院は、先代将軍・家宣《いえのぶ》の側室で、将軍生母でもある。絵島が帰りに立ち寄ったのが山村座《やまむらざ》という芝居小屋だった。

奥女中が公用の外出にかこつけて観劇することは禁止されていたが、それは建前で、実情は黙認されており、桟敷《さじき》見物の彼女たちには酒肴《しゅこう》がふるまわれる。これらすべてが恒例で、小屋主や座長、主役を務める役者が顔を出して挨拶することまで含めて、この日もいつもどおりのはずだった。

それが一変するのは、二月二日になってからだ。絵島が大奥追放になったのである。

理由は禁止されているという芝居見物をしたというものだったが、事態は思わぬ方向へ発展する。町奉行が動き出し、もてなした山村座側の関係者が、座付き作者や役者も含めて捕らえられ、罪に問われることになったのである。

絵島も謹慎先から評定所《ひょうじょうしょ》へ呼び出され、厳しい詮議《せんぎ》を受けることになる。内容は、ただ芝居小屋で接待をされたことだけでなく、山村座の人気役者・生島新五郎《いくしましんごろう》との密通まで問われた。

絵島にとっては、芝居見物に立ち寄ることは月光院の許しを得ていたことでもあり、罪の意識はなかった。新五郎とのことにしても、挨拶に桟敷に来たとき顔を合わせたことが、二、三度あるだけだった。

それが、新五郎が自白したとして密通は既成事実となり、何度も逢瀬《おうせ》を繰り返していたことにされ、あることないことを問い詰められた。絵島はすべて否定したが、絵島の罪は決定する。信州への配流《はいる》であった。一方の新五郎は三宅島への遠島《えんとう》となった。

◆仕掛けられた絵島スキャンダル

この大奥に起こったスキャンダルはたちまち話題となり話が広がったため、今に伝わる評定所に残された絵島の行状が、どこまで確認されたうえでのものなのか定かではない。確かな事実は絵島が山村座に立ち寄って芝居を見、飲み食いしたということだけだ。しかし、じつはその事実さえあればいいという勢力があって、絵島はその勢力の陰謀に利用されたのではないかとする説が唱えられている。

当時の大奥は、先代将軍が亡くなって、幼少の将軍が即位したばかりだった。先代将軍の正室・天英院《てんえいいん》と、側室で将軍生母の月光院の、目に見えぬ権力争いがあった。これに、先代将軍時代から続く幕閣《ばっかく》内での権力争いがからみ、幕府内に月光院の威光を削《そ》ごうとする勢力が生まれていた。

将軍が幼いだけに、大奥の月光院が表向きのことに口を出すこともあり、家宣時代からの側用人《そばようにん》・間部《まなべ》詮房《あきふさ》とも近しく、それをうとましく思う人たちが幕閣にも大奥にもいたのである。

月光院付き御年寄のなかで代表的存在である絵島を罪に落として追放すれば、月光院の威光にも陰りが出る。それが、この反月光院勢力のねらいだったというのが、この事件の真相だ。

それがわかるのが、同じ日に天英院付きの御年寄・宮地《みやじ》も代参《だいさん》で上野寛永寺《うえのかんえいじ》へ出向き、帰りに山村座へ立ち寄っている。行動はすべて絵島と同じである。しかし、その宮地は謹慎だけの処罰ですんでいるのだ。それに引き換え、絵島のほうは、親族から死罪や遠島という罪人を何人も出し、ほとんど一族崩壊といっていいほどたたきのめされている。

絵島は最後まで否認を続けたが、評定所の決定には逆らえず、信州高遠《たかとお》で座敷牢に幽閉されたまま長い年月を過ごした。

絵島 （生年不詳～一七四一年）
江戸城の奥女中。徳川第七代将軍家継《いえつぐ》の時代に、大奥御年寄となる。歌舞伎役者生島《いくしま》新五郎との情事を罪に問われ、信州高遠《たかとお》へ配流。事件の記録に不審な点があることから、冤罪《えんざい》だったといわれている。事件は明治以降にも数多く劇化された。

江戸時代初期、朝廷を牛耳ろうとした徳川家と後水尾天皇の壮絶なバトル

◆朝廷より幕府上位の体制を目指した徳川家

後水尾《ごみずのお》天皇が即位したのは、徳川幕府が豊臣家の居城・大坂城を攻め落とす直前で、天下統一した徳川家康が幕藩体制を安定させることに心を砕いていた時期だ。いくら家康が天下を平定して幕府を開いたといっても、征夷大将軍《せいいたいしょうぐん》の任免権を持っているのは天皇だ。つまり将軍といえども天皇の臣下になるわけで、そのために後水尾天皇の生涯は、幕府との権力闘争に彩られてしまうことになる。

後水尾天皇への最初の洗礼が「禁中並公家諸法度《きんちゅうならびにくげしょはっと》」の制定だった。大坂の陣が終わって、完全に天下を掌握した幕府が、強気になったことを示すものだ。

これは、官位授与や朝廷での叙任《じょにん》という天皇の専任事項にまで幕府が口を出すことを許すもので、あくまで幕府が上位にあり、天皇まで幕府の法のもとで管理しよ

うとするものだった。僧侶への紫衣勅許権《しえちょっきょ》も奪われ、幕府の許可を得なければならなくなり、のちの紫衣《しえ》事件の原因となった。

次に後水尾天皇を襲ったのが、将軍・秀忠《ひでただ》の娘、和子《まさこ》の入内《じゅだい》である。家康の時代から、徳川家は天皇家との縁組を考えて画策をつづけていたが、ここにきてようやく調《ととの》ったのである。一六二〇（元和六）年、和子わずか一四歳のときだった。女御《にょうご》として入内した和子は、やがて興子《おきこ》内親王を産み、中宮《ちゅうぐう》となった。

秀忠は、この天皇家との縁組が幕府勢力安定の総仕上げとでも考えたのか、和子入内の三年後、家光に将軍位を譲っている。

そんなとき起こったのが紫衣事件だ。天皇は幕府の制定していた勅許紫衣法度《ちょっきょしえはっと》を無視して一六二七（寛永四）年、数十名の高僧に、上人《しょうにん》であることを意味する紫衣着用を許可したのである。幕府はこれに怒って上人号も紫衣も剝奪《はくだつ》、命令に従わなかった僧は配流《はいる》にした。

◆後水尾天皇の徳川家への反撃

後水尾天皇は、この事件の二年後に譲位して興子内親王が明正《めいしょう》天皇となった。

紫衣事件で関係が悪化したところに、春日局が無位無官のまま朝廷に参内したことも、天皇の怒りを増幅させたのだといわれている。

ところが天皇を譲位にまで駆り立てた怒りは、もっと別のところにあったとする説も唱えられている。細川忠興《ほそかわただおき》が息子に書き送った手紙によると、天皇が譲位するには裏の事情があったというのである。

それによれば、天皇の不満は官位の任免権がないこと、紫衣事件で恥をかかされたこともちろんだが、経済的不自由さも感じていたようだ。和子の入内で幕府から御料所《ごりょうしょ》が加増されてはいたが、それを自由に使うことができないから何の意味もなく、公家衆とのつきあいにも不便があったようだ。

しかし何より彼を譲位に駆り立てたのは、幕府による皇族の「暗殺」だったという。後水尾天皇の側室たちは、譲位後二四人の子をもうけているが、譲位以前には、和子しか子どもを産んでいない。和子以外の側室は何人身ごもろうが出産しようが、流産させられたり、殺されたりしたというのだ。

なんとしても皇族に徳川家の血を入れて、できれば天皇の座につけて、天皇・朝廷ラインからの綸旨《りんじ》より幕府の出す触書《ふれがき》のほうが優先することを徹底させたい目論見がそこには透けて見える。

そこで後水尾天皇は、徳川の血を引く興子内親王を天皇にして幕府の望みをかなえた。しかし女帝は未婚が条件だから、彼女が子どもを産むことはない。彼女以後に皇位につく者に、徳川の血が混じることはなくなる。

徳川幕府に完璧な仕返しをするために後水尾天皇は譲位したのかもしれない。彼は武家の血を引く天皇の皇位継承など、まったく考えていなかったのだ。

後水尾天皇（一五九六～一六八〇年）
江戸時代初期の、第一〇八代天皇。後陽成天皇の第三皇子。二代将軍秀忠の娘和子を宮廷に迎え入れ中宮《ちゅうぐう》とした。和子の産んだ娘を明正《めいしょう》天皇として即位させて退位。以後、天皇四代にわたって院政《いんせい》を敷いた。

「神の子」は生きていた!? 島原の乱の指導者・天草四郎が起こした最後の奇跡

◆天草四郎の正体と一揆の実態

一六三七（寛永一四）年一〇月、肥前《ひぜん》島原藩と肥後《ひご》天草の農民が、キリシタン信仰を旗印に集結して起こした百姓一揆が島原《しまばら》の乱と呼ばれている。全滅させられたと伝えられる一揆軍だが、乱のシンボル的存在だった天草四郎《あまくさしろう》は、幕府軍の攻撃をかいくぐり生き延びたともいわれている。

天草四郎は、この一揆軍の総大将だった一六歳の少年だが、実像ははっきりしていない。彼の実像を正確に伝えていると見られているのが、島原の乱後、生き残った一揆軍の副将だった人物が取り調べに対して行なった陳述だ。

それによると、一揆の首謀者たちが、「デウスの生まれ変わり」として大将に祭り上げたのが天草四郎だという。キリシタン禁教令で追放された神父が言い残した預言により、デウスの再来を信じていた彼らは、預言の条件にあてはまる少年を、肥後の大矢野村《おおやのむら》で見つける。大矢野四郎《おおやのしろう》と呼ばれていたその少年は、元武士の益田《ますだ》甚兵衛《じんべえ》の息子で益田四郎時貞《ますだしろうときさだ》という名を持っていたという。

島原の乱が、キリシタン信仰への回帰を求めた反乱と位置づけられるのは、この天草四郎の存在があるからだが、最初は単純な百姓一揆だった。江戸幕府の政策で、領主の過酷な徴税に苦しむ島原と天草の農民が蜂起したものだ。ただ、それがキリシタン信者の多かった土地だったところから、団結の旗印にキリシタン信仰が掲げられた。そのシンボルとして、デウスの再来、奇跡を起こす少年と評判だった天草四郎が選ばれたのであって、彼は首謀者ではない。その証明は、四郎が原城《はらじょう》に入城したのが、一揆軍が原城で籠城を始めたあとだったことだ。

輝きを放つ天草四郎の神秘性に多くの農民が従った。

◆集まった首級の多さが正体を隠した

天草四郎の存在効果は大きく、四郎の入城で一揆軍は三万人を超えるほどに増え、三カ月もの兵糧《ひょうろう》攻めに対して団結を乱さない籠城を可能にした。それは、四郎の周囲にあふれていた奇跡の実践も含むカリスマ性のおかげだったといえる。

それでも、一揆軍の力が尽きるときがきた。翌年の一月の幕府軍の攻撃は大敗北に終わるが、二月の総攻撃には一揆軍の六倍もの兵力を使い、一揆軍を全滅させた。

戦いが終わって、幕府軍には天草四郎の首級《しゅきゅう》とされるものが数十も届いたという。幕府軍の誰もが天草四郎の顔を知らなかったのだからやむをえない。そこで首実検に呼ばれたのが、四郎の母親だった。彼女が熊本藩士の持ってきたある首を見て泣いたところから、それが四郎の首と断定され、彼の死亡が確認された。

異説では、首を前に並べられた母親は、天から授かった子だから、天に帰ったに違いないといって、どれかの首を示すことはなかったともいう。

しかし、母親以外に首実検をした者がいないところから、ひそかに四郎生存説がささやかれることになった。確かに母親なら、もしわが子の首がないとわかったら、とにかく息子を死んだことにしておけば、どこかに逃げ延びられるかもしれないととっさに判断した可能性は高い。もし幕府が捕らえていた一揆軍の副将にも首実検をして四郎であると認めていれば、その死は否定できなくなるのだが、なぜか彼はその役を務めていない。首実検は疑問の余地を残して終わってしまったのである。

飛んでいる鳥を手のひらに招き寄せて卵を産ませた、天草と有馬の間の海を島まで歩いてみせた……など数多くの奇跡を行なったと評判だった少年が、最後に見せた奇跡が、落城のなかを落ち延びて、どこかで隠れキリシタンたちを救っているという希望だったのかもしれない。

天草四郎（一六二三?～一六三八年）
江戸時代初期、島原の乱の一揆軍を率いた総大将。天草四郎《あまくさしろう》は通称、本名は益田時貞《ますだときさだ》。幼い頃から「デウスの再来」と呼ばれた。島原の乱では拠点の原城で一揆軍団結のシンボルともなった。

死に場所も行方もわからない！新撰組副長・土方歳三の、謎に包まれた最期

◆あくまで幕府に忠誠を尽くす

近藤勇《こんどういさみ》を局長、土方歳三《ひじかたとしぞう》を副長とする新撰組は、京都守護職を務めていた会津《あいづ》藩主・松平容保《まつだいらかたもり》の指揮下にあった。一八六八（慶応四）年一月に始まった鳥羽伏見《とばふしみ》の戦いには容保も出陣しているが、これに敗れて彼が会津に帰ると、新撰組の指揮系統は崩壊する。実質的な新撰組の消滅といえる。

それでも幕府への忠誠を尽くそうとする隊士たちは、多くが江戸へ向かっている。江戸城が無血開城して、現実には幕府軍も解散となるわけだが、近藤と土方は新しく甲陽鎮撫《こうようちんぶ》隊を組織して官軍と甲斐勝沼《かいかつぬま》で戦い敗走。下総《しもうさ》へ逃れるが、近藤と土方の連携が途切れるのがこの地だ。近藤が官軍に捕らえられて、処刑されたのである。

このときから、土方は死に場所を求める戦いの旅を続けることになる。旧幕軍に

参加し、結城、宇都宮、会津など、官軍との激しい戦いが行なわれた地には、必ず土方の姿があった。敗れるたびに北に逃れた土方は、仙台から箱館《はこだて》に渡って、榎本《えのもと》武揚《たけあき》が樹立していた蝦夷《えぞ》政権を頼る。箱館の五稜郭《ごりょうかく》を本拠としていた蝦夷政権での土方の役職は、陸軍奉行並であった。

一八六九（明治二）年四月、新政府軍は箱館攻撃を開始。江差《えさし》付近から上陸して、各地で戦いを繰り返しながら箱館に迫った。五月一一日、土方が死んだとされるこの日、箱館市中はすでに新政府軍に占領されており、蝦夷政権は五稜郭と、千代ケ岱台場、弁天砲台の三陣地を残すのみだった。

◆求めた死に場所は箱館のどこ？

死に急いでいたともいわれる土方は、一体どこでどんな最期を遂げたのだろう？じつはこの点については人によって話が食い違い、確かなことはわかっていない。

五稜郭から千代ケ岱台場を経て箱館市中に至る道の先に一本木関門があり、さらに進むと異国橋がある。弁天砲台は、その異国橋を渡って湾沿いに続く道で市内を抜けた先にあり、孤立している。この日、土方は、市中を奪回して弁天砲台と連絡をつけることを使命に出陣し、倒れることになる。

五稜郭を五〇人ほどの手勢だけで出陣した土方は、一本木関門で異国橋方面から来た目前の敵に突っ込んでいき、戦死したと伝えられている。蝦夷政権江差奉行並・小杉雅之進《こすぎまさのしん》は『雨窓紀聞《うそうきぶん》』で「一本木ニ於テ戦死ス」と記し、陸軍奉行・大鳥《おおとり》圭介《けいすけ》は『陣中日記』に「一本木で流れ弾に中《あた》りて戦死」と書いている。

鬼の副長土方歳三は洋装の誇らしげな姿を残す。（写真提供：国立国会図書館）

ところが、元新撰組隊士だった島田魁《しまだかい》は、一本木関門から進撃して戦い、異国橋まで攻めたとき狙撃されて戦死したと日記に書き残した。手勢が五〇〇と多い点も異なるが、これは五稜郭を出たときの軍勢で、千代ケ岱台場の守りに大半の軍勢を残して少数で一本木関門まで進んだと考えればつじつまの合う数字である。もうひとりの元新撰組隊士・中島登《なかじまのぼり》の『覚書』でも、異国橋付近で銃弾に倒れたことになっている。

土方の死は姉に報告されているが、終焉《しゅうえん》の地は一本木鶴岡町だったとされている。こんなふうだから、土方の遺体がどこに埋葬されたのかは不明である。

さらに死に方も、ほぼ即死だったとする説のほかに、一本木で撃たれた土方は、兵士に支えられて一軒の家に運び込まれ、その家で息絶えたと伝えるものもある。その家では、五月一一日に五〇年近くも土方の法要を続けたというから真実めいている。死に際しての言葉は「すまんのう」だったという。

最期の地も埋葬場所も定かではないが、函館には「土方最期の地」の碑が建てられ、参拝者が絶えない。

土方歳三（一八三五～一八六九年）
武蔵国多摩出身。同郷の近藤勇《いさみ》とともに新撰組《しんせんぐみ》を組織し、副長となった天然理心流剣士。鳥羽伏見の戦い敗戦後は江戸に戻り、甲陽鎮撫隊《こうようちんぶたい》として官軍と戦う。箱館《はこだて》戦争までを幕軍として転戦。五稜郭《ごりょうかく》の戦いで戦死した。

秀吉・家康の人間関係学』関峋一、中西信男、『藤原氏物語　栄華の謎を解く』高橋崇、『豊臣秀頼』籔景三（新人物往来社）／『武将伝戦国の史話』桑田忠親（人物往来社）／『日本の謎と不思議大全』（人文社）／『日本のテロル　変質するバイオレンス130年史』室伏哲郎（世界書院）／『南北朝と室町政権　南北朝期-室町期』小和田哲男監修（世界文化社）／『江戸の盗賊　知られざる"闇の記録"に迫る』丹野顯（青春出版社）／『秘められた日本古代史100の謎　間違いだらけの歴史教科書』斎藤忠（青年書館）／『日本史闇と謎事典　関東篇１』志村有弘ほか編著（叢文社）／『岩倉具視』大久保利謙、『世阿弥』北川忠彦（中央公論社）／『島原の乱　キリシタン信仰と武装蜂起』神田千里（中央公論新社）／『見る・読む・わかる日本の歴史２』、『水戸黄門は旅嫌いだった!?　種明かし日本史20人の素顔』楠木誠一郎（朝日新聞社）／『名将ものしり列伝』桑田忠親（天山出版）／『言い分の日本史　アンチ・ヒーローたちの真相』岳真也、『歴史に残る18人のミステリー』中津文彦（東京書籍）／『人物伝承事典古代・中世編』小野一之 ほか編（東京堂出版）／『秀吉側近99人の謎　戦国おもしろ意外史』楠木誠一郎、『世界一受けたい日本史の授業　あなたの習った教科書の常識が覆る』河合敦、『謎の迷宮入り事件を解け　歴史おもしろ推理』楠木誠一郎、『日本史おもしろ推理　謎の殺人事件を追え』楠木誠一郎（二見書房）／『おもしろくてためになる日本史の雑学事典』河合敦、『日本史真相推理　謎を読み解く』小林久三（日本実業出版社）／『なるほど意外・日本史　歴史に隠されたアッ！と驚く真実!?』武光誠（日本文芸社）／『戦国争乱を生きる　大名・村、そして女たち』舘鼻誠（日本放送出版協会）／『書で見る日本人物史事典』坪内稔典監修（柏書房）／『史疑　幻の家康論』礫川全次（批評社）／『幕末・維新史の謎　幕末動乱の虚像と実像』長文連（批評社）／『怪の日本史　不死伝説の謎を解く』三谷茉沙夫（評伝社）／『日本史の現場検証』合田一道、『面白すぎる歴史人物たちの旅20話』前田良一（扶桑社）／『手紙のなかの日本人』半藤一利、『文政十一年のスパイ合戦　検証・謎のシーボルト事件』秦新二（文藝春秋）／『北条時宗とその時代』工藤敬一、『聖徳太子と法隆寺の謎　交差する飛鳥時代と奈良時代』倉西裕子（平凡社）／『支倉常長異聞　海外に消えた侍たち』中丸明（宝島社）／『人事の日本史』遠山美都男、関幸彦、山本博文（毎日新聞社）／『なんかヘンだぞ！日本史　えっ、あのお札の人物は聖徳太子じゃない?!』後藤寿一（雄鶏社）／『支倉常長慶長遣欧使節の真相　肖像画に秘められた実像』大泉光一、『徳川妻妾記』高柳金芳（雄山閣）／『戦国合戦の常識が変わる本』藤本正行（洋泉社）／『完全制覇　戦国時代　この一冊で歴史に強くなる！』河合敦、『江戸城大奥100話』安西篤子監修（立風書房）／『天武天皇出生の謎』大和岩雄（臨川書店）／『東京江戸謎とき散歩　首都の歴史ミステリーを訪ねて』加来耕三、志治美世子、黒田敏穂、『謎の人物日本史　謀略・事件・騒動の驚くべき舞台裏』桑田忠親、『歴史if物語』井沢元彦、『歴史「謎」物語』井沢元彦、『歴史不思議物語　日本史の闇を照射する』井沢元彦（廣済堂出版）／『写楽を探せ　謎の天才絵師の正体』（翔泳社）。／『しずおかの文化新書16 湖の雄 井伊氏～浜名湖北から近江へ、井伊一族の実像～』辰巳和弘、小和田哲男、八木洋行（静岡県文化財団）

参考文献

下記の文献を参考にさせていただきました。

『日本史・あの事件の意外なウラ事情』長尾剛、『織田信長常識のウソ』和田惟一郎、『女城主・井伊直虎』『戦国武将名言録』楠戸義昭、『龍馬暗殺の謎　諸説を徹底検証』木村幸比古、『甦る日本史　頼山陽の『日本楽府』を読む　1』渡部昇一（PHP 研究所）／『やりなおしの日本史』後藤寿一（オーエス出版）／『日本人物話題事典』渡辺富美雄 村石昭三 加部佐助編著（ぎょうせい）／『江戸城七不思議　江戸・東京・山手線の民話』岡崎柾男（げんごろう）／『山本勘助はいなかった「風林火山」の真実』山本七平（ビジネス社）／『消された英雄伝承の謎　ミステリー意外史‼』加藤惠、『逆説から読みとく古代史　歴史が動いた「あの時」を検証する』武光誠、『江戸城「大奥」の謎教科書に出てこない歴史の裏側』中江克己（ベストセラーズ）／『日本の歴史 2』家永三郎編（ほるぷ出版）／『エピソードでつづる吉田松陰』海原徹 海原幸子、『支倉常長　武士、ローマを行進す』田中英道（ミネルヴァ書房）／『スキャンダル！日本史』武光誠、『徳川将軍百話』中江克己、『日本の歴史が動いた 20 の大転機　この事件を理解すると日本史がよくわかる』武光誠（河出書房新社）／『古代日本の女帝とキサキ』遠山美都男、『戦国武将の手紙を読む』二木謙一、『平清盛の闘い　幻の中世国家』元木泰雄（角川書店）／『手紙から読み解く戦国武将意外な真実』吉本健二、『疾風上杉謙信　破竹の懸り乱れ龍』、『歴代天皇全史　万世一系を彩る君臨の血脈』（学習研究社）／『能楽史事件簿』横浜能楽堂編（岩波書店）／『＜聖徳太子＞の誕生』大山誠一、『シーボルト』板沢武雄、『島津斉彬』芳即正、『徳川綱吉』塚本学（吉川弘文館）／『間宮林蔵＜隠密説＞の虚実』小谷野敦（教育出版）／『日本史の謎と真説　大和朝廷から明治維新まで』南条範夫（銀河出版）／『大奥よろず草紙』由良弥生（原書房）／『「毒殺」で読む日本史』岡村青、『偽史と奇書の日本史』佐伯修（現代書館）／『なぜ偉人たちは教科書から消えたのか「肖像画」が語る通説破りの日本史』河合敦（光文社）／『「善玉」「悪玉」大逆転の幕末史』新井喜美夫、『織豊政権と江戸幕府』池上裕子、『日本史人物「その後のはなし」上』加来耕三、『日本史人物「その後のはなし」下』加来耕三（講談社）／『秀頼脱出：豊臣秀頼は九州で生存した』前川和彦（国書刊行会）／『日本史人物「第二の人生」発見読本』楠木誠一郎（彩流社）／『日本の歴史がわかる本　人物篇．古代～鎌倉時代』小和田哲男、『日本史 101 の謎』小和田哲男（三笠書房）／『超航海・英雄伝説の謎を追う　縄文人から義経まで』茂在寅男（三交社）／『「異説」日本人物事典　謎と不思議の日本史』桑田忠親監修（三省堂）／『詳説 日本史研究』五味文彦、高埜利彦、鳥海靖編、『山川日本史小事典』日本史広辞典編集委員会編（山川出版社）／『にっぽん裏返史』尾崎秀樹（時事通信社）／『日本史の謎 450　古代から幕末維新まで歴史のウラを推理・解明する！』南條範夫監修（主婦と生活社）／『王朝の歌人 3　在原業平』今井源衛、『女性天皇』瀧浪貞子（集英社）／『ペリー来航歴史を動かした男たち』山本博文、『逆説の日本史　4（中世鳴動編）』井沢元彦、『戦国・覇者の戦略』（小学館）／『実証写楽は北斎である　西洋美術史の手法が解き明かした真実』田中英道（祥伝社）／『日本史重要人物 101』五味文彦編（新書館）／『山本勘助』上野晴朗、『信長・

歴史のふしぎを探る会
「歴史は小説よりおもしろい」を合言葉に、大胆な推理力と豊富な情報源を活かし、古今東西の歴史に埋もれた謎を追究する研究会。時代・地域を問わない守備範囲の広さと、定説にとらわれないユニークな着眼点には定評がある。

新説 学校では教えない日本史
発行日　2023年6月8日　初版第1刷発行

編　者　歴史のふしぎを探る会
発行者　小池英彦
発行所　株式会社 扶桑社
〒105-8070　東京都港区芝浦1-1-1 浜松町ビルディング
電話 03-6368-8870(編集)　03-6368-8891(郵便室)
www.fusosha.co.jp

印刷・製本　中央精版印刷株式会社
装丁・デザイン　竹下典子

価格はカバーに表示してあります。

ISBN978-4-594-09493-5
Printed in Japan